우리말의 숨결 2

헷갈리는 이 말과 저 말

성기지

전 한글학회 연구편찬실장.

1990년 한글학회 출판부에 들어와 2023년 6월 정년을 맞이할 때까지 학술지 『한글』(계간)과 어문 교양지 『한글 새소식』(월간) 발간을 맡아 일하였고, 어문규범 연구와 국어 상담에도 힘썼다. 틈틈이 공무원, 은행원, 기업체 직원, 방송작가 등을 대상으로 국어 생활 관련 강의 활동을 하였고, 10여 년 동안 라디오를 통해 우리말 바로쓰기 방송을 하였다. 또, 전문용어, 행정용어, 광고용어 등 우리말 용어 순화 사업에도 힘을 보태는 등 말글 환경 맑히는 데에 줄곧 관심을 기울여 왔다.

지은 책으로는 『우리글 바로잡기 연습』(타래출판사), 『맞춤법 사슬을 풀어 주는 27개의 열쇠』(도서출판 박이정), 『생활 속의 맞춤법 이야기』(역락출판사), 『고치고 더한 생활 속의 맞춤법 이야기』(역락출판사), 『아, 그 말이 그렇구나!』(디지털싸이버), 『한국어 능력 시험』(공편)(신지원) 등이 있다.

우리말의 숨결 2

헷갈리는 이 말과 저 말

초판 인쇄 2024년 7월 5일
초판 발행 2024년 7월 15일

지은이 성기지 | 편집장 권효진 | 편집 정봉선
펴낸이 박찬익 | 펴낸곳 박이정
주소 경기도 하남시 조정대로45 미사센텀비즈 8층 F827호
전화 031-792-1195 팩스 02-928-4683
홈페이지 www.pijbook.com 이메일 pijbook@naver.com
등록 2014년 8월 22일 제2020-000029호

ISBN 979-11-5848-950-2(03710)

값 12,000 원

우리말의 숨결 2

헷갈리는
이 말과 저 말

성기지 지음

박이정

우리말에 대한 관심이 꼭 필요한 때입니다

숨결은 숨을 쉴 때의 상태를 말하는데, 사물 현상의 어떤 기운이나 느낌을 생명체에 비유하여 이르기도 하는 말입니다. 그래서 흔히 '자연의 숨결을 느낀다'는 표현을 하곤 합니다. 오염되고 훼손된 자연에서는 건강한 숨결이 느껴지지 않을 것입니다.

그렇습니다. 자연은 수많은 생명을 품고 끊임없이 숨을 쉬면서 살아가고 있습니다. 자연 환경 보호는 곧 자연이 건강하게 숨 쉬도록 만들어주는 일입니다. 숲을 잘 가꾸고 보존하여 숨 쉬게 하고, 호수를 깨끗하게 맑혀 숨 쉬게 하는 일이 환경 보호 운동일 것입니다. 그리하여 우리는 자연의 품안에서 자연의 숨결을 느끼며 비로소 살아갈 수 있을 터입니다.

우리말도 숨을 쉬면서 살아갑니다. 수천 년 동안 우리 겨레는 생존을 위해 끊임없이 그 말에 숨을 불어왔습니다. 자연과 인간 사이의 환경 못지않게 사람과 사람 사이의 언어 환경도 매우 중요합니다. 맑고 바른 말은 사람들의 삶을 가볍게 합니다. 따라서 언어 환경 맑히기는 그 말과 그 말을 사용하는 사람 모두 건강한 숨을 쉴 수 있게 해주는 일입니다. 우리 곁에 있는 말을 잘 살펴서 우리 삶을 살찌워야 하고, 우리 토박이말이 사라지지 않도록 지키고 가꾸어야 하며, 우리 말이 갖가지 외국말투와 저급한 말에 오염되지 않도록 힘써 나가야 할 것입니다.

자연의 품안에서 자연의 숨결을 느끼듯이, 우리는 관심만 가지면 우리말의 숨결을 느낄 수 있습니다. 비록 보이지 않고 만져지지 않더라도 우리말은 우리 곁에서 늘 살아 숨 쉬고 있기 때문입니다. 지금 우리에게 꼭 필요한 것은 우리말에 대한 관심입니다. 이 책은 우리 곁에서 숨 쉬고 있는 우리말의 숨결을 느끼게 하는 데 도움을 줄 수 있으리라고 생각합니다.

『우리말의 숨결』은 모두 4권으로 나누어졌습니다. 제1권 〈우리 곁의 우리말〉은 우리말에 대한 관심을 불러일으키려는 의도로 구성하였습니다. 우리말에 대한 무슨 새로운 발견이나 깊은 연구가 아닌, 우리 곁에서 늘 쓰이고 있는 말들을 되는 대로 끌어 모아 거듭 살피고 어루만졌을 따름입니다. 그 가운데 뜻과 쓰임이 모호하거나 헷갈리는 낱말들을 제2권 〈헷갈리는 이 말과 저 말〉에 따로 모아 보았습니다. 여기서는 이 말과 저 말의 차이에 주목하여 우리말 사용을 명확하게 할 수 있도록 설명하는 데 힘썼습니다.

제3권은 〈순우리말과 들온말〉로 엮었습니다. 첫째마당 '일상에서 찾는 순우리말'에서는 나날살이에서 자주 쓰이고 있는 우리 토박이말들을 살펴보는 한편, 자칫 잊힐지도 모를 토박이말들을 되도록 찾아내어 부려 쓰는 데 도움을 주고자 하였습니다. 이와 달리 우리 말글살이에 꼭 필요하지도 않은 외국말이나 외국말투 조어들이 말글 환경을 오염시키고 있는 모습들을 생각나는 대로 간추려 둘째마당 '우리말 속 외래어 이야기'에 모아 보았습니다. 끝으로, 나날살이에서 무심코 쓰고 있는 말 가운데 비문법적이거나 어색한 표현들, 발음이나 뜻 구별이 어려워 혼동하는 말들, 그릇된 언어 습관으로 잘못 전해진 말들을 제4권 〈틀리기 쉬운 우리말〉에 두루 묶었습니다. 이 책 『우리말의 숨결』에서는 특히 여기 제4권에 비교적 많은 공을 들였음을 밝힙니다. 모두 104개 사례를 모았는데, 물론 이 밖에도 틀리기 쉬운 우리말 쓰임은 얼마든지 많을 것이라고 생각합니다.

이 책의 모든 낱말과 표현들은 독자의 편의를 고려하여 각 권마다 가나다차례로 엮었습니다. 우리말을 다루는 데 있어 혹시라도 지은이의 생각이 미흡한 데가 있더라도 너그럽고 속 깊게 이해해 주시기를 부탁드립니다. 독자들이 이 책을 통하여 우리 곁에 있는 우리말의 숨결을, 그 온기를 느끼게 된다면 더없는 보람이고 영광이 될 것입니다.

서툴고 거친 원고를 따뜻한 눈길로 바라보고 흔쾌히 출판을 허락해주신 박이정출판사의 박찬익 사장님과, 정년퇴직 후 몇 달 동안 마음 편히 원고를 모으고 매만질 수 있도록 도와준 아내에게 고마운 인사를 전합니다.

2024년 6월
성기지

헷갈리는 이 말과 저 말

헷갈리는
이 말과 저 말

가끔은 이 말과 저 말이 어떻게 다른지, 그 쓰임은 어떻게 구별되는지 궁금할 때가 있다. 그럴 때마다 국어사전을 찾아보거나 인터넷을 검색하여 궁금함을 푸는 사람도 있지만, 대부분의 사람들은 '아마 이 뜻일 거야' 하고 무심하게 넘어가리라 생각된다. 우리말은 그렇게 시들어간다. 감칠맛 나는 우리말의 맛, 눈부신 우리말의 빛깔은 그렇게 무미건조해지고 그렇게 바래어간다. 우리 말글 환경은 우리의 관심이 가꾸어가는 것이다. 이 마당에서는 나날살이에서 흔히 헷갈리고 있는 '이 말과 저 말'의 사례들을 모아서, 그 차이를 간결하게 풀이해 보았다.

가족과 식구

명절이 사이에 낀 기나긴 연휴는 직장인이라면 무척 설레는 때이다. 나라 밖으로 또는 나라 안으로 여행을 계획하는 이들이 많을 테지만, 더러는 가족과 함께 모처럼 만의 휴식을 꿈꾸는 이들도 있겠다. 그런데 '가족'과 '식구'는 어떻게 다를까? 일상생활에서 이 두 낱말은 거의 구분 없이 쓰이기 때문에, 그 뜻 차이를 떠올리기가 쉽지 않다.

'가족'은 한 집안의 친족, 곧 어버이와 자식, 부부 따위의 혈연관계로 맺어져 한 집안을 이루는 사람들을 의미하는 말이다. 몇 십 년 동안 멀리 떨어져 살더라도 혈연관계에 있으면 모두 가족이라고 할 수 있다. 이에 비해서 '식구'는 한 집안에서 함께 살며 끼니를 같이하는 사람을 의미하는 말이다. 예를 들어, "이산가족이었던 아버님이 돌아오셔서, 이제 우리 집 식구도 한 사람 늘었다."라고 할 수 있는데, 이때에는 앞의 '가족'과 뒤의 '식구'를 서로 맞바꾸어 쓸 수가 없다.

또, '식구'는 '가족'과 달리, "우리 사무실 식구가 벌써 열 명이 되었다."처럼 한 단체나 기관에 딸려 함께 일하는 사람을 비유하는 말로 쓰이기도 한다.

가족이나 식구나, 한 울타리 안에서 의식주 생활을 함께 영위한다는 점에서는 '집'이라는 공간이 중요하다. 하지만 가족은 꼭 한 집에 살지 않아도 성립하는 관계인 반면, 식구는 그렇지 않다. 하숙생이나 잠시 머무는 손님이라면 대가를 지불하든 않든 식구가 될 수 있다. 그러나 이들은 가족에는 포함되지 않는다.

각출과 갹출

한자리에서 이야기를 나누며 함께 식사를 하던 일행이 계산대 앞에 줄을 서서 각자의 신용카드로 제 밥값만 치른다. 요즘 음식점 계산대에서 흔하게 볼 수 있는 풍경이다. 심지어는 한 가족이 외식을 하고 나서 식사 후에 돈을 각자 내는 경우도 있다. 이럴 때 쓸 수 있는 말이 '각출'이다. 각출은 내야 할 돈을 모인 사람들이 각각 내놓는 것을 뜻하는데, 영어로 하면 '더치페이'가 이 뜻에 가까울 것 같다.

그런데 '각출'과 비슷하면서도 다른 말이 바로 '갹출'이다. '갹출'은 같은 목적을 위하여 여러 사람이 돈을 나누어 낼 때 쓰는 말이다. 이때는 각자 내는 금액이 다를 수 있는데, '추렴'으로 쓸 수도 있고 '거출'이라고 쓰기도 한다. 어떤 행사에 드는 비용이나 성금을 거둘 때에는 '각출하다'라 하지 않고 '갹출하다'라고 한다.

[각]과 [갹]의 발음은 여간 신경 쓰지 않으면 말하는 이나 듣는

이 모두 혼동될 수 있다. 그래도 뜻과 쓰임이 다르니 구별해 말하지 않을 수 없는 노릇이다. 비슷한 예로 [팍]과 [퍅]의 발음을 구별해서 말해야 할 때도 있다. '괴팍하다'는 붙임성이 없이 까다롭고 별나다는 뜻인데, 이와 비슷한 말 가운데 '강퍅하다'가 있다. '강퍅하다'는 성격이 까다롭고 고집이 세다는 뜻으로 쓰인다. '괴팍하다'의 [팍]과 '강퍅하다'의 [퍅]을 구별하여 소리 내고 쓰기가 만만치 않다. 까다롭고 고집이 센 '강퍅한' 사람 가운데 성질이 엉큼하기까지 하면 '암퍅하다'고 할 수 있는데, 이때에도 [퍅]으로 소리 내고 써야 한다.

간여와 관여

경상도 사투리 발음에서 첫소리에 오는 단모음 '으'는 잘 실현되지 않고 거의 '어'에 섞여든다. '응답하라'가 '엉답하라'로, '승리자'가 '성리자'로 들린다. 경상북도가 고향인 아내도 '느타리버섯'을 [너타리버섣]으로 발음하고 있다. 그러다 보니 사람 이름도 자주 헷갈려서 '김승철'이 '김성철'로 둔갑하는 경우가 잦다. 이러한 발음 차이에서 영향을 받은 때문일까? '그저'와 '거저'의 쓰임도 자주 혼동된다.

우리는 농가 소득이 아무런 노력도 없이 "그저 증가하지는 않는다."고 말하는 경우가 있는데, 이때에는 '그저'가 아니라, '거저'라는 말을 사용해야 한다. '거저'는 "아무런 노력이나 조건이 없이", 또는 "아무것도 가지지 않고"라는 뜻으로 쓰는 말이다. 잔칫집에 아무것도 가지지 않고 가면 '거저 간다'고 말한다. 이에 비하여 '그저'는 "변함없이 이제까지", "별다른 까닭이나 목적 없이", 이런 뜻으로 쓰는 말이다.

가령 "무슨 말을 해도 그는 그저 웃기만 했다."라고 할 때에 이런 표현을 쓰고 있다. 말하자면, '거저'는 '공짜'라는 뜻이고, '그저'는 '그대로'라는 뜻을 각각 가지고 있다.

비슷한 발음으로 혼동되는 사례 가운데 '간여'와 '관여'도 있다. "더 이상 남의 일에 관여하지 마시오."라고 할 때에, '관여'로 써야 할지 '간여'로 써야 할지 헷갈릴 때가 있다. 이때에는 둘 중 어느 것을 써도 맞다. 둘 다 "어떤 일에 참여하다."는 뜻이기 때문이다. 다만 상황에 따라 꼭 구별할 때도 있는데, "이번 공사에 관여한 사람만 해도 천 명이 넘는다."고 할 때에는 '관여'를 쓰고, "선생님 말씀 중에 자꾸 간여하지 마세요."라고 할 때에는 '간여'가 알맞다.

감기 들다와 몸살 나다

우리말에 '나다'와 '들다'가 있다. 안에서 밖으로 가면 '나다'이고 밖에서 안으로 오면 '들다'이다. 옛날에는 들어오는 행위를 우선하고 나가는 행위를 뒤쪽에 두었기 때문에 들어오고 나가는 것을 '드나들다'라고 말했다. 연거푸 들어갔다 나갔다 하면 '들락거리다', '들락날락거리다'라고 표현했다. 또 남의 집에 드나들면서 그 집 일을 해 주는 것을 '드난살이'라고 했다. 흔히 파출부라고 하는 말에 해당하는 것이 우리말 드난살이이다.

그런데 현대에 와서는 모든 동작을 옛 시대와는 반대로 안에서 밖으로 나가는 데서 시작한다고 보게 되었다. 먼저 나가고 난 뒤에 들어온다고 해서 '나들이'라고 한다. 밖으로 나갈 때 입는 옷을 '난벌'이라 하고 집 안에 들어와서 입는 옷을 '든벌'이라고 하는데, 이 둘을 합하면 옛날에는 '든난벌'이라 했을 테지만, 현대에는 '난든벌'이라고 말한다. 문도 먼저 열고 그 다음에 닫는다고 해서 '여닫이'이고, 서랍도 빼고 닫는다고 '빼닫이'라 부른다.

'병이 나다'라 하기도 하고, '병이 들다'라 하기도 한다. '몸살이 났다'를 '몸살이 들었다'라 하면 무척 어색하고, 반대로 '감기 들었다'를 '감기 났다'라 말하는 경우는 거의 없다. 몸살은 피로가 누적되어 신체의 균형이 깨진 상태에서 생기는 것이다. 발병 원인이 신체 내부에 있고 이것이 밖으로 표출되는 것이기 때문에 '들다'가 아니라 '나다'로 말한다. 그러나 감기는 밖에서 몸 안으로 한기가 스며들거나 병균이 침입해서 생기는 병이기 때문에 '나다'가 아니라 '들다'로 말하는 것이다.

'감기 들다'를 '감기에 걸렸다'라고도 말한다. '걸리다'라고 말했을 때는 뭔가 자신의 실수나 잘못이 있는 경우이다. 옆 사람 답안지를 몰래 보다 들키면 '걸렸다'라고 말하는 것과 같다. '감기에 걸렸다'라고 하면 자신의 몸 관리에 부주의해서 감기 병균이 들어왔다는 뜻을 지니고 있는 것이다. 성병이나 에이즈 같은 질병은 '에이즈 났다', '에이즈 들었다'라 하지 않고 '에이즈 걸렸다', '성병에 걸렸다'라고 말한다. 이들 병은 자신의 잘못으로 생기는 것이기 때문이다.

개발과 계발

한때 텔레비전 광고에서 비롯한 유행어 가운데 "니들이 게 맛을 알아?" 하는 말이 있었다. '게 맛'은 발음에 여간 유의하지 않으면 자칫 '개 맛'으로 소리 낼 위험이 있고, 또 그렇게 들릴 수 있다. [ㅔ]와 [ㅐ]는 둘 다 전설모음이기는 하지만, [ㅔ]는 [ㅐ]보다 혀가 높이 올라가고 좀 더 앞쪽에서 소리가 난다. 곧 '개'가 '게'에 비해 비교적 입이 크게 벌어지고 입천장 뒤쪽에서 소리가 나는 것이다. 이를 구별하여 발음하는 데 소홀했던 까닭에 '개발'과 '계발'의 쓰임마저 혼동되고 있다.

'개발'과 '계발' 두 낱말은 실제로 거의 구분이 없어진 것처럼 쓰이고 있다. 그러나 '개발(開發)'과 '계발(啓發)'은 본디부터 쓰임이 서로 달랐으며, 아직도 이 둘의 쓰임은 구분될 필요가 있다. '개발'에는 '개척'의 의미가 담겨 있다. 유전을 개발하거나 신도시를 개발하는 것은 모두 '개척'이다. 이를 '계발'과 비교하면 가장 뚜렷한 특징은 '이루어

내다'로 볼 수 있다.

이에 비해 '계발'은, 인간의 지적·정신적 능력에 관계된 낱말이다. 들판에 신도시를 열듯(→개발), 정신세계에 깨우침을 여는 것(→계발)이다. '계발'의 특징은 '이끌어 내다'라고 볼 수 있다. '개발'은 "동해상에 유전을 개발한다."로, '계발'은 "각자의 소질을 계발한다."로 쓰인다. 다만, 한 가지 유의할 점은 사람의 내면에 관계되었다고 해서 모두 '계발'인 것은 아니다. 예를 들면, 인위적으로('학습' 등으로) 사람의 능력을 신장시키는 것은 [이끌어 냄]보다는 [이루어 냄]에 가까우므로 "능력 개발"이라 할 수 있다.

개판과 이판사판

국민이 보는 정치판은 난장판에 다름 아니다. 무질서하기는 난장판과 같은데, 여기에 옳지 못하고 난잡한 모습까지 보태지면 이를 개판이라고 한다. 어떻든 난장판이 수습되지 못해서 개판으로 치닫는, 그런 불행은 없어야 하겠다. 그 어떤 벼슬에 있었든, 밝은 대낮에 훤히 드러난 치부를 손바닥으로 가리고 온 국민을 상대로 '이판사판이니 한번 해보자!'는 추태를 보이지 않기만을 바랄 뿐이다.

난장판이나 개판에서의 '판'은 순우리말이지만, '이판사판'이라고 할 때의 '판'(判)은 한자에서 온 말로 전혀 다른 뜻이다. '이판사판'은 '이판'과 '사판'이 합쳐진 합성어인데, '이판'과 '사판'은 모두 불교에서 쓰이고 있는 말이다. '이판'은 속세와의 인연을 끊고 불도에 전념하는 일을 말하고, 그러한 일을 수행하는 스님을 '이판승'이라고 한다. 또 '사판'은 절의 재물과 사무를 맡아 처리하는 일을 말하며,

그러한 일을 수행하는 스님을 '사판승'이라고 한다. 그러니까, '이판승'이 없으면 부처님의 가르침이 이어질 수 없고, '사판승'이 없으면 절이 제대로 운영될 수 없기 때문에, '이판'과 '사판'은 뗄 수 없는 관계에 있는 말이다.

'이판'과 '사판'이 결합하여 새롭게 만들어진 말이 '이판사판'이다. 이 말은 오늘날 '막다른 데 이르러 어찌할 수 없는 지경'이란 전혀 다른 뜻으로 쓰이고 있다. 이렇게 쓰이게 된 까닭에 대해선 여러 이야기들이 있는데, 출가를 해서 스님이 되면 누구나 '이판'과 '사판' 가운데 어느 한쪽을 선택해야 하는 기로에 서기 때문에, '이판사판'이라는 말에 '막다른 곳', '막다른 궁지'라는 의미가 생겨난 것으로 설명하는 쪽이 설득력을 얻고 있다. '이판' 아니면 '사판'으로 선택의 여지가 없는 것은, '이것 아니면 저것'이라는 식의 극단적 사고를 낳을 수 있고, 이러한 사고를 바탕으로 '막다른 곳에 이르러 어찌할 수 없음'이라는 극단적인 의미가 생겨날 수 있다고 생각한다.

갯벌과 개펄

밀물과 썰물을 흔히 '조석'이나 '조수'라 하고, "조수가 밀려든다." 처럼 말하고 있지만, 밀물과 썰물은 우리말로 '미세기'라 한다. 그리고 이 미세기가 드나드는 곳을 우리말로 '개'라 한다. 지금은 '개'를 한자말 '포'로 바꾸어 땅이름으로 쓰고 있지만, 본디 '목포'는 '목개'였고, '무창 포'나 '삼포' 등도 '무창개, 삼개'로 불리었다. 비록 땅이름의 '개'는 '포' 에 밀려났지만, 그렇다고 '개'란 말이 완전히 사라진 것은 아니다.

때때로 간척 사업이 언론에 오르내릴 때 접하게 되는 낱말이 바로 '개펄'과 '갯벌'이다. 이 말들에 '개'가 들어있다. 이 두 말이 되살아나 쓰이게 된 것은 반가운 일이다. 본디 '개펄'은 갯가의 개흙(갯가의 검은 흙)과 그 개흙이 깔린 곳을 가리키고, '갯벌'은 갯가의 넓은 땅이나 바닷물이 드나드는 모래톱을 일컫는 말이다. 다시 말하면, 강물이 바 다로 흘러드는 곳이나, 밀물과 썰물의 차가 비교적 큰 해안 지역에

검은 흙이 곱게 깔려 있으면, 그곳이 '개펄'이다. 그리고 개흙과는 관계 없이 바닷물이 드나드는 바닷가의 넓은 모래벌판을 싸잡아서 '갯벌'이 라고 불렀다.

하지만 최근에 이르러 이 두 말을 구별해 부르지 않게 되면서, 『표준국어대사전』 인터넷 판에서는 이들을 복수 표준어로 묶어 놓았 다. 사실상 뜻 구별이 없어진 셈이다.

격언과 금언

우리가 학창 시절을 보낼 때에는 대개 삶의 도움이 되는 말들을 한두 가지씩은 책상머리에 붙여 놓고 살았다. "인내는 쓰나 열매는 달다."라든지, "실패는 성공의 어머니다." 같은 말들이 유행했었다. 이런 말들을 가리켜, 흔히 '격언'이라고도 하고 '금언'이라고도 한다. 또는 '명언'이라 말할 때도 있다. 이 말들은 어떻게 다를까?

'격언'은 사람들이 오랫동안 체험하면서 깨달은 인생에 대한 교훈을 간결하게 표현한 짧은 말이다. 예를 들어, "시간은 금이다."라든지, "빈 수레가 소리만 요란하다."와 같이, 사리에 꼭 들어맞아서 교훈이 될 만한 짧은 한마디를 격언이라고 한다. 시간을 금에 빗댄다든지, 배움이 적은 사람을 빈 수레라 하는 것처럼, 주로 다른 사물에 비유해서 말하는 것이 특징이다.

'금언'은 삶에 본보기가 될 만한 귀중한 내용을 담고 있는 짤막한 말인데, 격언이 오랜 역사적 생활 체험을 통해서 나온 교훈이라면, 금언은 누군가의 말이 많은 사람들에게 알려진 것이다. 예를 들어, "진리의 길은 비좁고 곧은 것이다."와 같은 말이 금언이라고 할 수 있는데, 주로 처음에 말을 한 사람이 누구인지 분명하지 않은 경우이다. 이에 비해 베이컨이 남긴 "아는 것이 힘이다."라는 말처럼, 대체로 그 말을 한 사람이 누구인지 알 수 있을 때 명언이라 한다. 곧 명언은 사리에 들어맞는 훌륭한 말이면서 일반에게 널리 알려진 유명한 말을 가리킨다. 가령, "나의 사전엔 불가능이란 단어가 없다."는 말은 나폴레옹의 명언이다. 링컨이 게티즈버그 연설에서 했던 "국민의, 국민에 의한, 국민을 위한 정부"란 말도 잘 알려진 명언이다. 이 명언은 요즘 우리 국민이 한결같이 바라는 마음이기도 하다.

골탕 먹다와 들통 나다

'골탕 먹다'란 말이 있다. 이 숙어는 "크게 곤란을 당하거나 손해를 입다."는 뜻으로 쓰이는 말이다. 누구나 쉽게 쓰는 말이지만, 어디에서 온 말인지 깊게 생각해 본 사람은 많지 않을 것이다. 어원사전을 뒤적이니 '골탕'이란 음식 이름에서 왔다고 한다. 원래 소의 머릿골과 등골을 맑은 장국에 넣어 끓여 익힌 맛있는 국물을 가리키는 말이란다. 그래서 골탕을 먹는 것은 맛있는 고기 국물을 먹는 것과 같다는 것이다.

그런데 어떻게 해서 '골탕 먹이다'가 곯려 주다는 뜻으로 쓰이게 됐을까? '남을 곯려주다'라고 할 때의 '곯다'라는 말이 '골탕'과 소리가 비슷하게 들리기 때문에 음식 이름과는 전혀 다른 '골탕'이란 말이 새로 생겼다고 볼 수 있다. 또 '먹다'라는 말이 '엿먹다'에서 보듯이 '당하다'는 뜻을 가지고 있는 까닭에, '골탕 먹다'가 본래의 뜻과는 다른 숙어로 널리 퍼져 나가지 않았을까? 그래서 '골탕 먹다'가 "남에게 곯려 먹음을 당하다."는 뜻으로 쓰이게 되었다고 생각한다.

'들통 나다'는 말도 있다. "숨기거나 감춘 것이 드러나다."는 뜻으로 쓰이는 말이다. 여기에 나오는 '들통'은 양쪽에 손잡이가 달려서 들 수 있게 만든 통을 가리킨다. 이 들통을 들어내면 그 자리에 있던 것이 사람들의 눈에 드러나게 되는데, 여기에서 '들통 나다'는 말이 "남몰래 감추어 놓았던 일이 발각 나다."는 뜻을 가진 숙어로 만들어져 쓰이게 된 것이라 추측된다.

광복과 해방

올해(2024년) 3월 1일은 3.1운동 105돌이 되는 날이다. 그동안 이 날의 뜻과 정신을 기리어 정부와 지자체는 물론 여러 민간단체들이 갖가지 행사를 펼쳐 오고 있다. 일제로부터 국권을 되찾은 것을 '광복'이라고도 하고 '해방'이라고도 하는 것을 볼 수 있다. 예전에는 8월 15일을 '8·15 해방'이라 해 오다가 1980년대 말부터 '8·15 광복'이 널리 쓰이기 시작했다. '해방'과 '광복'은 서로 뜻이 다른 낱말이다.

'해방'은 가두었던 것을 풀어 놓는다는 뜻이므로, '해방하다'라고 하면 '~에서 풀어주다'가 되고, '해방되다'라고 하면 '~에서 풀려나다'는 말이 된다. 1945년 8월 15일에 우리는 '해방한' 곧 '풀어준' 것이 아니라, '해방된' 곧 '풀려난' 것이라고 할 수 있다. 몇몇 강대국들의 도움으로 일본의 속박에서 풀려난 것이다. 다시 말하면 '8·15 해방'이란 말에는 우리가 남의 도움으로 풀려났다는, 수동적인 의미가 담겨 있다. 그

밑바닥에는 우리를 풀어준 강대국에 대한 감사의 뜻이 깔려 있다고도 볼 수 있다.

반면, '광복'은 국어사전에서, "잃었던 나라나 국토를 다시 회복함."이라고 풀이해 놓고 있다. 그러니 '광복하다'는 말은 주체적인 활동을 나타내는 능동사이다. 이렇게 볼 때에 '8·15 광복'이란 표현은 우리가 능동적으로 우리나라를 되찾았다는 것에 중점을 둔 말이다. 우리 겨레는 나라를 되찾기 위해 피나는 노력을 했고, 그것이 국제 사회를 움직여 결국 일본을 물러가게 했다. 그러므로 우리는 8월 15일을 해방된 날이 아니라 광복한 날로 표현하는 것이 바람직하다고 생각한다.

교포와 동포

요즘에는 전 세계 어느 나라에서든 우리 민족을 만날 수 있다고 한다. 이렇게 세계 곳곳에 우리나라 사람들이 정착하여 살거나 일시적으로 머무르는 일이 많아지면서, 나라 밖에 있는 우리 민족을 표현하는 말도 많아졌다.

그 가운데 '교포'와 '동포'가 서로 잘 구별되지 않은 채 쓰이는 일이 잦다. '교포'는 다른 나라에 살고 있는 자국민을 뜻하는 말이고, '동포'는 사는 곳에 관계없이 같은 민족을 모두 아우르는 말이다. 말하자면, '동포'는 같은 핏줄을 이어받은 사람들이라는 넓은 의미로 쓰이고, '교포'는 거주지를 기준으로 한 보다 좁은 의미로 쓰이는 말이다. 그러나 이 말들은 서로 의미가 중복되거나 불분명한 경우가 있기 때문에, 요즘에는 '재외동포'와 '재외국민'의 두 가지 용어로 통일해서 사용하기로 하였다.

'재외동포'는 국적에 관계없이 외국에 거주하는 우리 민족을 모두 포함하여 가리키는 말이다. 중국이나 러시아에서 태어나 그 곳 국민으로 살고 있는 우리 민족도 '재외동포'이고, 우리 국적을 포기하고 외국 국적을 취득한 사람들도 재외동포에 해당한다. 이에 비해, '재외국민'은 외국에 체류하거나 거주하는 사람들 가운데 우리 국적을 가지고 있는 사람들을 말한다. 결국 '재외국민'보다는 '재외동포'가 포괄적인 뜻이 된다. 따라서 중국에서 태어나 중국 국적을 지닌 우리 동포는 '재중동포'라고 표현해야 하고, 우리 기업의 중국 지사에 나가 있는 사람은 '재중국민'이라고 해야 한다.

또, "세계 각 지역에 우리 교민이 없는 곳이 드물다."고 할 때의 '교민'이란 말은 외국에 나가 살고 있는 자기 나라 사람을 가리키는 용어이다. 그러니까 외국에 거주하더라도 우리 국적을 가지고 있기 때문에 '재외국민'으로 분류할 수 있다. 그런데, 앞에서도 말했듯이, 국적을 따지지 않고 외국에 거주하는 우리 민족을 모두 아울러서 '재외동포'라 부른다고 했으므로, 교민은 재외국민이자 재외동포이기도 하다.

한편, 예전엔 '해외동포'라는 용어를 썼었지만, 이 말은 이제 쓰지 않게 되었다. 일본과 같은 섬나라에서 볼 때에 외국은 모두 바다 건너 해외가 되겠지만, 섬나라가 아닌 우리까지 외국을 '해외'라고 해야 할 까닭이 없다. 그래서 요즘엔 '해외' 대신에 나라 밖이란 뜻의 '국외'라는 말을 쓰고 있고, '해외동포'를 '재외동포'로 바로잡아 쓰고 있는 것이다. 지난날 '해외공관'이라 했던 것도 이제 모두 '재외공관'으로 부르고 있다.

그을다와 그슬다

끝나지 않을 것 같던 무더위도 자연의 큰 걸음에는 버틸 재간이 없는 법, 금세 한밤중에는 창문을 닫고 자야 할 만큼 서늘해지기 마련이다. 이때쯤이면 여름 내내 논밭에서 땀 흘려 온 농부들은 마치 훈장을 단 것처럼 목덜미와 팔뚝이 그을어 있다. 이때 '그을렸다'를 가끔 '그슬렸다'라 말하기도 하는데 '그을다'와 '그슬다'는 뜻이 다른 낱말이다.

한여름 햇볕에 피부를 살짝 태운 모습을 나타내는 말은 '그슬리다'가 아니라 '그을리다'이다. 알맞게 햇볕이나 연기 등에 오래 쬐면 빛이 검게 되는데, 그런 상태를 '그을다', '그을었다'고 한다. '그을리다'는 이 '그을다'의 피동형이면서 또한 사동형(그을게 하다)이다. 햇볕에 그을린 얼굴도, 연기에 그을린 굴뚝도 새까맣게 된다. 이와는 달리, '그슬다'는 "불에 겉만 조금 태우다."는 뜻이다. '그슬리다'는 이 '그슬다'의 피동형이면서 사동형이다. 햇볕에 살갗이 검어지면 '그을리다'이고, 사람의 머리카락이나 짐승의 털이 불에 약간 타면 '그슬리다'이다.

이처럼 그 모습과 뜻이 비슷하여 헷갈리는 낱말 가운데 '모사'와 '묘사'도 있다. '모사'는 대상을 흉내 내어 그대로 표현하는 일이다. 따라서 남의 그림을 똑같이 베껴 그리는 것도 모사이고, 남의 목소리나 동물의 소리를 흉내 내는 일은 성대모사다. 이와는 달리, '묘사'는 대상이나 현상을 언어로 서술하거나 그림으로 나타내는 일이다. '심리 묘사'라든지, '생생한 현장 묘사'처럼 사용한다. 말하자면, 모사는 '똑같이 흉내 내기'이고, 묘사는 '글이나 그림으로 표현하기'이다.

껍질과 껍데기

'껍질'과 '껍데기'는 비슷하긴 해도 아주 같은 말은 아니다. 국어사전에서 보면, '껍데기'는 "달걀, 조개 또는 딱딱한 과실의 겉을 싸고 있는 단단한 물질"로 풀이되어 있다. 그리고 '껍질'은 "딱딱하지 않은 물체의 전체를 싸고 있는 질긴 물질"이다. 이 풀이에서 뚜렷이 구별되는 것은 '딱딱함'이란 성질이다. 대체로 볼 때에, 겉을 싼 것이 딱딱하면 '껍데기'이고 질기면 '껍질'이다. "조개껍데기, 굴껍데기, 달걀껍데기"라 하고, "굴껍질, 사과껍질, 소나무껍질"처럼 구분해서 말한다.

우리가 자주 부르던 노래 가운데, "조개껍질 묶어 그녀의 목에 걸고"란 노랫말이 있다. 이 노랫말에 나오는 '조개껍질'은 사실은 '조개껍데기'라야 맞다. 그런데 『표준국어대사전』에서 '껍데기'의 뜻풀이를 "달걀이나 조개 따위의 겉을 싸고 있는 단단한 물질"로 해놓고도 따로 '조개껍질'을 올림말로 올려놓았다. 이는 아마도 노랫말의 영향과 그에서 비롯한 대중의 언어 습관을 반영한 것인 듯하다.

이렇게 비슷하지만 쓰임이 다른 말 가운데 '늘이다'와 '늘리다'도 있다. '늘이다'는 "본디보다 더 길게 하다."는 뜻으로 쓰는 말이고, '늘리다'는 "본디보다 더 크게 하거나 많게 하다."는 뜻으로 쓰인다. 가령 "아이에게 바지 길이를 늘려서 입혀야겠다."고 하면 바르지 않다. 이때에는 길이를 더 길게 하는 것이므로 "바지 길이를 늘여서 입혀야겠다." 고 말해야 한다. 반면에, "사무실을 더 늘려야겠다."라고 하거나, "재산을 더 늘려야겠다."라고 할 때에는 '늘리다'가 맞다. 사무실을 늘리는 것은 더 크게 하는 것이고, 재산을 늘리는 것은 더 많게 한다는 뜻이기 때문이다.

끓이다와 삶다

우리말에서 '끓이다'와 '삶다'는 전혀 다른 말이다. 영어의 'boil'은 이 두 뜻을 아우르고 있지만, 국물 요리가 발달한 나라답게 우리는 '끓이다'와 '삶다'를 뚜렷하게 구별하여 사용한다. 그래서 같은 면 요리라 하더라도 라면은 '끓여' 먹지만 국수는 '삶아' 먹는다. 그리고 배춧국은 끓여 먹고, 나물은 삶아 먹는다. 모두 아는 사실을 굳이 이야기하는 까닭은, 끓이는 것과 삶는 것의 차이를 잘 알고는 있지만 막상 설명하려고 하면 어려움을 느끼기 때문이다.

물을 뜨겁게 가열하여 소리가 나면서 거품이 솟아오르게 하는 것을 '끓인다'고 하고, 어떤 물체를 물에 넣어 끓이는 것을 '삶는다'고 한다. 실제 요리에서 이 두 낱말을 구별해 보면, 물에 음식 재료를 넣어 재료를 익히고 국물 맛도 함께 우려낼 때에는 '끓인다'고 하고, 단지 재료를 익히기 위해 열을 가해 물을 끓게 하는 것은 '삶는다'고

한다. 곧 "찌개를 끓인다."와 같이 국물을 함께 먹기 위한 것은 '끓인다'
고 할 수 있고, "달걀을 삶는다."처럼 재료만 익힐 뿐 국물을 먹기
위해 끓이는 것이 아닐 때에는 '삶는다'고 하는 것이다.

　라면은 국물과 함께 먹는 음식이므로 '끓여서' 먹지만, 국수는
단지 면만 익히기 위해 물에 넣어 열을 가하는 것이므로 '삶는' 것이다.
배춧국 또한 국물을 먹는 음식인 데 비해, 나물을 끓는 물에 데칠
때에는 국물을 먹지 않기 때문에 '삶는다'고 하는 것이다. '삶다'는 음식
뿐만이 아니라, '빨래를 삶다', '행주를 삶다'처럼 쓸 수도 있다. 우리말
의 깊은 맛은 이처럼 푹푹 삶아낼수록 풍미가 더해진다.

남자와 여자

　남자에 관한 우리말에는 주로 '바깥'이 들어가 있는 것이 특징이다. 바깥손님은 남자 손님, 바깥식구는 한 집안의 남자 식구, 바깥양반은 남편을 가리키는 말이다. 남편을 바깥양반이라 하는 데 반하여 아내를 안사람이라 한다. 남편(바깥)은 '양반'이라 올려주었고 아내(안)는 그저 '사람'을 붙여 구별 지었기 때문에, 바깥양반/안사람은 남녀를 차별하는 말이라고 볼 수 있다.

　여자에 관한 말 가운데, '고명딸'이라 하면 아들 많은 이의 외딸을 가리킨다. 고명은 음식 맛을 돋우려고 음식 위에 살짝 얹어 놓는 것들(실고추, 버섯, 잣가루 등)을 일컫는 순우리말이다. '까막과부'는 약혼한 남자가 혼인식을 하기도 전에 죽어서 시집도 가보지 못한 과부를 말한다. 시집가지 않은 딸은 '아가딸'이라고 불렀다.

　웃어른 앞에서는 자기 남편을 낮추어 '지아비'라 일컫는다. 아재나 아재비는 아저씨의 낮춤말이다. 다만, 경상도 지방에서 아저씨를 '아재'라 부르는 것은 방언일 뿐 낮춤말이라 볼 수 없다. 웃어른 앞에서 자기 아내를 낮추어 부르는 말은 '지어미'이다. 이 밖에도, '핫어미'는 유부녀를 말하고 '홀어미'는 과부를 일컫는 말이다. 한편, 남자끼리의 동성애에서 그 상대되는 친구를 '살친구'라 하고, '어린 놈'의 준말인 '언놈'은 손아래 사내아이를 귀엽게 부르는 말로 쓰였다.

널빤지와 끄나풀

우리가 자주 쓰는 말들 가운데는 발음이 헷갈려서 잘못 적고 있는 말들이 더러 있다. 받아쓰기를 해보면, '폭발'을 '폭팔'로 적는 학생들이 많다. [폭빨]이라고 발음해야 할 낱말을 [폭팔]로 잘못 말하고 있기 때문이다. 또, 판판하고 넓은 나뭇조각은 '널판지'가 아니라 '널빤지'라고 해야 올바른 말이 된다. '널빤지'는 (한자말이 아닌) 순우리말이다. 이 말을 한자말로 표현하면 널조각 판(板) 자를 붙여 '널판' 또는 '널판자'가 된다. 곧 '널빤지'라고 하거나 '널판', '널판자'라고 하는 경우만 표준말이다.

그런가 하면, 발음의 혼동으로 잘못 적히던 말들이 그대로 복수 표준어로 인정된 사례도 있다. 기계 장치들의 작동 상태를 알리는 눈금을 새긴 면을 '계기반'이라고 한다. 그런데 자동차에 이 계기반을 붙여 놓고 흔히 '계기판'이라고 부르다 보니 '계기반'과 '계기판'이 복수 표준어가 되었다. 또, 동서남북 방향을 지시하는 계기를 '나침판'이라고 하지만, 이 말도 본디는 '계기반'과 마찬가지로 '나침반'이 옳은 말이었다. 그러다 '나침판'이라고 자주 부르다 보니, 자연스럽게 사전에 올려서 둘 다 표준말로 인정하였다.

발음 때문에 혼동해서 말하다가 거꾸로 본디의 말이 없어져 버린 경우도 있다. 예전에는 "남의 앞잡이 노릇을 하는 사람"을 '끄나불'이라고 했는데, 이 말을 많은 사람들이 '끄나풀'이라고 말하다 보니, 아예 표준말을 '끄나풀'로 정해 버렸다. 이제 '끄나불'은 북한에서만 쓰이는 말이 되었다. 이 밖에도 "나발을 분다."의 '나발'과 '꽃'이 합해진 '나발꽃'이 오늘날에는 '나팔꽃'으로 바뀌어 버린 경우나, '사이 간'(間) 자와 '막이'의 합성어인 '간막이'가 '칸막이'로 변한 경우가 모두 그런 사례들이다.

넘어지다와 쓰러지다

길가에 베어져서 눕혀 있는 나무들을 가리켜 "나무가 쓰러져 있다."고 말하는 이들이 있는가 하면, "나무가 넘어져 있다."고 말하는 이들도 있다. 몸이 균형을 잃고 바닥에 닿는 상태를 가리킬 때 상황에 따라 '넘어지다' 또는 '쓰러지다'라고 말한다.

엄밀히 구별해 보면, '넘어지다'는 발바닥을 제외한 몸의 일부가 바닥에 닿는 상태를 뜻한다. 가령 "돌부리에 걸려 넘어졌다."고 하는데, 이를 "돌부리에 걸려 쓰러졌다."고 하지는 않는다. 이에 비해, '쓰러지다'는 몸 전체가 길게 바닥에 닿는 상태다. "과로로 쓰러졌다."라는 말을 "과로로 넘어졌다."로 표현할 수는 없다. 마찬가지로, 완전히 베어져서 길가에 누워 있는 나무를 가리켜 말할 때는 "나무가 쓰러져 있다."고 말할 수 있다. 이를 "나무가 넘어져 있다."고 하면 어색한 표현이 된다.

그런데 태풍에 뽑힌 나무의 경우에는 뿌리의 일부가 땅에 박혀 있는 것이 일반적이다. 이런 상태는 '나무가 (태풍에) 넘어졌다'고 말한다. 그러니까, 나무 전체가 완전히 뽑히거나 잘려서 바닥에 누워 있으면 쓰러진 것이고, 뿌리 일부가 땅에 박힌 상태에서 넘어가 있으면 넘어진 것이라고 말할 수 있다. 길가에 눕혀 있는 나무를 표현하는 말조차 이처럼 섬세하고 합리적이다. 한국어의 동사와 형용사는 생각보다 풍부하고 감칠맛 난다.

다투다와 싸우다

서로 비슷한 뜻을 가진 말들 가운데는 일상생활에서 큰 구별 없이 쓰이는 예들이 많다. '싸우다'와 '다투다'도 그런 사례 가운데 하나다. 총선 후보들의 치열한 선거 활동을 보도하는 기사문에 더러 이 말들이 혼동되어 쓰이고 있다. 또, 프로야구 경기를 중계하는 해설위원들도 '싸우다'와 '다투다'를 가끔씩 혼동하고 있다. 아주 작은 차이이긴 하지만 엄연히 뜻이 다른 말이다.

'싸우다'와 '다투다'는 두 낱말 모두 서로 대립한다는 의미를 담고 있지만 그 의미에는 약간의 차이가 있고 이에 따라 쓰임도 다르다. 이러한 차이 때문에 '싸우다'와 '다투다'를 바꾸어 쓸 수 없는 경우도 있다. 예를 들어, "철수가 자기 친구와 싸웠다."는 문장은 "철수가 자기 친구와 다퉜다."로도 바꾸어 쓸 수가 있다. 그런데 이 문장에 '주먹을 휘두르며'를 끼워 넣으면 상황이 달라진다. 곧 "철수가 자기 친구와 주먹을 휘두르며 싸웠다."고 하면 자연스럽지만, "철수가 자기 친구와 주먹을 휘두르며 다퉜다."고 하면 무척 어색한 말이 된다. 이런 문장에서는 '싸우다'만 가능하고 '다투다'는 쓰기가 힘든 것을 알 수 있다. 이처럼 물리적인 충돌이 있어서 서로 구체적인 피해를 입히는 경우에는 '다투다'보다는 '싸우다'를 쓰는 것이 자연스럽다.

반면에, "호남 지역 표심을 얻기 위해 두 후보가 다투었다."라든가, "프로야구 결승전에서 엘지와 케이티가 우승을 다투었다."고 하면 자연스럽지만, 이것을 "호남 지역 표심을 얻기 위해 두 후보가 싸웠다.", "프로야구 결승전에서 엘지와 케이티가 우승을 싸웠다."로 말하면 매우 어색하다. 이처럼 '다투다'는 어느 쪽이 나은지를 가리려 한다는 느낌이 더 강한 말이다.

답 그리고 정답

한글학회는 월간 『한글 새소식』과 페이스북 '한글학회' 마당에서 다달이 우리말 알아맞히기 문제를 내고 있다. 문제와 함께 제시하는 귀띔을 읽기만 하면 누구나 풀 수 있도록 했지만, 그렇다고 꼭 '정답'만을 보내야 하는 것은 아니다. 문제를 읽고 누구나 자신이 생각하는 '답'을 보낼 수 있다. 한글학회 담당자는 접수된 '답'들 가운데 '정답'을 맞힌 이들을 대상으로 추첨을 통해 상품을 준다.

텔레비전이나 라디오 방송에서는 시청자와 청취자를 위한 퀴즈 문제를 자주 내고 있다. 그런데 퀴즈를 내면서 진행자가 하는 말 가운데 고쳐야 할 부분이 있다. 가령 다음과 같은 경우이다: "이 문제의 정답을 아시는 분은 다음 번호로 곧 보내주시기 바랍니다." 흔히 무심코 받아들이는 말이지만, 이 표현에서 '정답'이라고 하는 것은 문제가 있다. '정답'의 뜻이 '옳은 답'임을 생각하면 그 문제점을 짐작할 수 있을 것이다. 말하자면, 시청자나 청취자들이 생각하는 답이 옳은지 그른지는 최종적으로 문제를 낸 방송 관계자 쪽에서 판정할 일이지, 시청자나 청취자가 스스로 판정할 것이 아니다.

그러므로 '정답을 아는 사람'만 응모하라는 표현은 방송국의 의도와는 달리 응모 수를 제한해 버리는 결과를 불러올지도 모른다. 자기가 생각하는 답이 '정답임이 확실할 때'에만 응모하라는 뜻으로 전해질 수 있기 때문이다. 따라서 진행자는 "이 문제의 답을 아시는 분은"이라고 고쳐서 말하는 것이 바람직하다. 응모자들이 갖가지 '답'을 보내오면, 방송국에서는 그 가운데 '정답'을 맞힌 사람을 가려내어 상품을 보내주는 것이기 때문이다.

당부와 부탁

예능 프로그램에 출연한 여가수가 방송 후에 '우리 언니를 예쁘게 봐 주세요'라고 하자, 이를 두고 어느 기자는 "○○○ 씨는 언니를 예쁘게 봐 달라고 당부했다."라고 기사를 썼다. 이때 '당부하다'는 바르게 쓰인 말일까? 이 말은 사전에서 "단단히 부탁함. 또는 그런 부탁."으로 풀이되어 있으므로, 부탁의 정도가 강한 경우에 쓰는 말임을 알 수 있다. 부탁이라면 어떤 일을 해 달라고 청하는 것이니 상대편에서는 그만큼 부담이 되는 일이다. 우리의 사고방식으로는 부담이 되는 일을, 그것도 강하게 윗사람에게 요구하는 것은 예의에 어긋나는 태도이다.

그렇기 때문에 '당부'라는 말을 윗사람에게 쓰는 것은 바람직하지 않다. 손윗사람에게는 "당부합니다." 대신에, "부탁드립니다."라는 말로 바꿔 쓰고, '당부하다'는 손아랫사람에게 사용하는 것이 좋겠다. 마찬가지로, 한 개인(연예인)이 다수(시청자)를 상대로 '당부한다'고 하는 것은 바른 언어 예절이 아니다. 기자는 "○○○ 씨는 언니를 예쁘게 봐 달라고 부탁했다."라고 기사를 썼어야 했다.

전통적인 언어 예절은 나날살이에서 가끔 잊혀가고 있다. 며느리가 시어머니에게 "어머님, 식사하세요."라고 말하는 것이 예의에 맞는 표현일까? 그렇지 않다. 일반적으로 윗사람에게 말할 때에는 "진지 잡수세요." 또는 "진지 드세요."라고 한다. '밥'의 높임말은 '진지'이지 '식사'가 아니기 때문이다. '식사'는 '밥을 먹는 일'을 뜻하는 말로 쓰이다가 오늘날에는 '밥'을 대신하는 말로도 함께 쓰이게 됐지만, 높임말은 아니다. "어머님이 편찮으셔서 식사도 못 하신대요."처럼 쓸 수는 있지만, 손윗사람에게 직접 맞대어 말할 때는 쓰지 않는 것이 좋다.

도둑질과 강도짓

텔레비전 뉴스를 듣다 보면, "내일은 미세먼지가 나쁨으로 예상되니 나들이를 삼가고 부득이하게 외출할 때는 마스크를 쓰시기 바랍니다."와 같은 예보를 자주 만난다. '부득이하게', '부득이할 경우에는' 들과 같은 표현이 뉴스뿐만 아니라 여기저기에서 눈에 띄는데, 이는 필요하지 않은 말을 덧붙여 쓰고 있는, 그리 바람직하지 않은 사례이다. 우리말에서는 "마지못하여 할 수 없게"라는 뜻으로 '부득이'라는 부사가 쓰이고 있다. 따라서 "부득이하게 외출할 때는"이란 표현은 "부득이 외출할 때는"이라고 간결하게 고쳐 쓰는 것이 훨씬 바람직하다. 그리고 "부득이할 경우에는"이라는 말도 '부득이하면'으로 바꿔 쓰면 더욱 간결한 표현이 된다.

신문 기사와 방송의 뉴스 프로그램에서 어색한 표현을 보고 듣는 것은 드문 일이 아니다. 강도가 벌이는 일을 표현한 '강도짓'이라는 말에 대해 생각해 보자. '짓'이라는 말은 동작을 뜻하는데, 주로 좋지 않은 행동을 했을 때 쓰인다. 가령 "나쁜 짓, 어리석은 짓, 짐승만도 못한 짓"이라고는 말하지만 "좋은 짓, 천사 같은 짓"이라고는 하지 않는다. 그렇게 보면 '강도짓'은 이상한 데가 없다. 하지만 우리말에는 '짓'이 붙어 쓰일 수 없는 경우가 있다. '손가락질', '부채질'을 '손가락짓', '부채짓'이라고 하지는 않는다. 남의 물건을 훔치는 일도 '도둑질'이지 '도둑짓'이 아니다. 이와 마찬가지로 남의 것을 억지로 뺏는 일도 '강도짓'이 아니라 '강도질'이라 해야 올바른 말이 된다.

도떼기시장과 아사리 판

　시끄럽고 무질서한 장소를 가리켜 "도깨비시장 같다."고 하는 경우가 있다. '도깨비시장'은 '도떼기시장'을 달리 일컫는 말인데, '도떼기시장'은 "정상적인 시장이 아닌 어떤 한 장소에서 여러 가지 물품들이 질서가 없고 시끌벅적하게 거래되는 비정상적 시장"을 가리킨다. 그래서 꼭 시장이 아니더라도 무질서하고 시끄러운 장소를 가리켜 "도떼기시장 같다."고 한다. 여러 물건을 한꺼번에 팔아넘기는 것을 '도거리'라 하니, '도떼기'는 '도거리로 떼는 것'이 줄어든 말이라고 볼 수 있다. '도거리'를 한자말로는 '도매'라 하고, 반대로 물건을 낱낱이 파는 '소매'는 우리말로 '낱떼기'라고 표현할 수 있다.

　도떼기시장과 비슷한 느낌을 주는 말 가운데 '아사리 판'이라는 말도 있다. 도떼기시장이 무질서가 극치에 이르게 되면 '아사리 판'이라 할 수 있다. '질서가 없이 어지러운 곳이나 또는 그러한 상태'를 뜻하는 말이다. 이 '아사리'가 어디에서 온 말일까 생각해 보면, 가장 먼저 떠오르는 말이 '앗다'이다. 남의 것을 가로채는 것을 '빼앗다'라 하기도 하고 "내 꿈을 앗아간 사람"처럼 '앗다'라 하기도 한다. 예전에는 '앗아갈 사람'을 '앗을이'라 했는데, 이 말이 발음이 변해서 '아사리'가 되었다고 한다. 앗을 사람, 곧 빼앗을 사람이 많으니 빼앗을 사람과 빼앗기는 사람이 한데 어울려 무법천지가 된 것을 비유한 말이 '아사리판'이다.

돋우다와 돋구다

찌는 듯한 더위가 이어질 때에는 몸이 나른해지고 입맛도 뚝 떨어진다. 이럴 땐 잘 익은 여름 과일이나 향긋한 나물 반찬이 입맛을 살려 줄 수 있을 것이다. 흔히 '입맛을 당기게 하다'는 뜻의 낱말로 '돋우다'와 '돋구다'를 쓰는 것을 볼 수 있다. 입맛을 '돋우는' 게 맞는지, '돋구는' 게 맞는지도 자주 헷갈리는 문제이다. 낱말의 형태가 비슷해서 오는 혼동이다.

'돋우다'는 '돋다'에 사동 표현을 만들어 주는 접사 '-우-'를 붙여 만든 사동사다. "부엌에서 입맛을 돋우는 구수한 냄새가 난다."에서와 같이 '입맛을 당기게 하다'는 뜻으로 쓰인다. 또, "발끝을 돋우어 창문 밖을 바라보았다."처럼 쓰기도 하고, "벽돌을 돋우다."에서와 같이 '밑을 괴거나 쌓아 올려 도드라지거나 높아지게 하다'는 뜻으로도 사용하는 낱말이다. 이와 달리 '돋구다'는 '안경의 도수를 더 높게 하다'는 뜻을 지니고 있다. "눈이 침침한 걸 보니 안경 도수를 돋구어야 할 때가 되었나 보다."처럼 쓸 수 있다. 이렇게 안경 도수를 높일 때만 '돋구다'를 쓰고, 그 외에는 모두 '돋우다'를 쓴다고 생각하면 기억하기 쉽다.

그 밖에 '봉오리'와 '봉우리'도 발음이 비슷해서 자주 혼동되는 말이다. "진달래꽃 봉우리가 맺혔다."처럼 쓰는 걸 가끔 볼 수 있는데, 이때는 '봉오리'라고 써야 한다. 봉오리는 아직 꽃송이가 확 터지지 않고 맺혀 있는 상태를 이르는 말이다. '꽃봉오리'나 '꽃봉'이라고도 한다. 반면에 '봉우리'는 '산봉우리'처럼, 산에서 높이 뾰족하게 솟은 부분을 말한다.

돌팔이와 단감

낱말의 뜻을 오해하고 있는 사례 가운데 '돌팔이'라는 말이 있다. 뜻밖에도 많은 사람들이 '돌팔이'의 뜻을, '돌'과 관련지어 생각하고 있다. '돌멩이를 파는 엉터리 장수'라고 지레 짐작하는 사람들도 많다. 그러나 이 말은 원래 남의 직업을 낮추는 말이 아니다. '돌팔이'는 요즘처럼 상설 붙박이 가게가 발달하지 않았던 시대에 생겨났다. 그 시절의 장사꾼 가운데는 이곳저곳으로 돌아다니면서 물건을 파는 사람들이 많았는데, 바로 그런 사람을 '돌팔이'라고 한다. 요즘 말로 '행상'이라고 할 수 있다. 그러니 '돌팔이'의 '돌'은 돌멩이가 아니라 '돌아다니다'의 첫 글자임을 알 수 있다. 그렇기 때문에 본디 '돌팔이'는 부정적인 말이 아니었다. 그런데 사람들이 자꾸 이 말을 부정적으로 쓰다보니까, 요즘에 와서는 '돌팔이'란 말에 '제대로 자격을 갖추지 못한 엉터리 사람'이란 부정적인 뜻이 보태진 것이다.

'단감'이란 말도 뜻을 잘못 알고 있는 사람들이 많다. '단감'의 '단'이란 말이 '달다', '달콤하다'는 뜻인 줄 알고 있는 경우가 그렇다. 그러나 달기로 말하면 단감보다는 연시나 홍시가 훨씬 더하다. '단감'의 '단'은 달다는 뜻이 아니라, '단단하다'는 뜻이다. 단감은 단단한 감이다. 그와는 달리 완전히 익어서 말랑말랑한 감은 '연시'라 하는데, 글자 그대로 '연한 감'이라는 뜻이다.

비슷한 사례를 한 가지만 더 들면, 우리가 자주 쓰고 있는 '야산'이라는 말이 있다. 흔히 '야산'의 '야'가 한자 '들 야(野)' 자에서 온 것으로 오해하고 있지만(실제 몇몇 국어사전에는 이렇게 실려 있기도 하다.) 사실은 우리말 '야트막하다'에서 첫 음절을 딴 것이다. 그러니까 '야트막한 산'이 바로 '야산'인 것이다. '단감'과 '야산'은 서로 짜임새가 같은 말이다.

동문과 동창

'동문'과 '동창'은 구별해서 쓰기가 까다로운 말이다. 본디 '동문'이란 말은 '동문생'의 준말인데, '같은 스승에게서 배운 제자들'을 뜻한다. 옛날에는 교육기관이 서당이나 서원 형태로서 한 스승 밑에 여러 문하생들이 공부를 하였기 때문에, '함께 공부한 문하생'이라는 뜻으로 '동문생'이라 일컬었던 것이다. 그러나 오늘날의 교육기관인 학교에는 여러 선생님들이 계시기 때문에, 더 이상 한 스승 밑에서만 공부하는 일은 찾아보기 어려워졌다. 그래서 '같은 학교를 졸업한 사람'이라는 뜻으로 '동창생'이라는 말이 생겨났다. 곧 '동창생'이라 하면, 졸업한 때에 관계없이, 같은 학교를 졸업한 사람들을 모두 일컫는 말이다. '동문생'을 줄여서 '동문'이라고 하는 것처럼, '동창생'도 줄여서 '동창'이라고 말한다.

그러므로 같은 학교를 다닌 사이라면, 10년쯤 어린 후배가 선배에게 "우린 동창입니다." 하고 말할 수 있는 것이다. 다만, 같은 해에 졸업하였다면, "우린 제30회 동창이야." 하고 졸업 횟수를 붙여서 구별할 수 있는 것이다. 꼭 졸업 횟수를 붙여 말하지 않고도 같은 해에 같은 학교를 졸업한 사이라는 것을 나타내는 말이 있는데, 바로 '동기 동창생' 또는 '동기 동창'이라고 하는 것이 그러한 경우이다.

'동기생'의 준말로 쓰이는 '동기'는 본디 '같은 때에 학교를 다닌 사람들'을 뜻한다. 앞에서, '같은 학교를 다닌 사이'를 뜻하는 말이 '동창생'이라고 했다. 그러므로 이 둘을 합쳐서, '동기 동창생' 또는 '동기 동창'이라고 하면, '같은 때에 같은 학교를 다녔거나 졸업한 사람들'을 가리키는 말이 된다. 그러니까 '동기 동창'이라 하면, '동기'와 다른 말이며 '동창'과도 다른 말이다.

들판과 벌판

"들판에 누렇게 익은 곡식", "가을걷이를 끝낸 들판"이라고들 한다. 벼를 재배하는 논을 들판이라 이르는 듯하지만, 군이 '논'을 들판이라 부르는 데에는 까닭이 있을 터이다. 국어사전을 찾아보니, 편평하고 넓게 트인 땅이 '들'이고 들을 이룬 벌판을 따로 '들판'이라 풀이해 놓았다. 편평하고 넓게 펼쳐진 논이 곧 들판인 셈이다.

'들'과 '벌'은 둘 다 '아주 넓고 평평하게 생긴 땅'을 가리키는 말인데, '들'은 논이나 밭을 포함하고 있는 넓은 땅이란 점에서, 그렇지 않은 '벌'과 조금 차이가 있다. 농경국가인 우리나라는 예부터 들판을 갈아 곡식을 키웠기 때문에, 우리의 들판은 대개 논밭을 포함한 넓은 땅이다. 반면 만주 지방의 편평하고 넓게 트인 땅은 기후가 척박하고 습지가 많아 논밭을 일구기 어려우니, 그저 벌판이라고 부른다.

따라서 "황금빛 들판"은 빛깔만을 뜻하는 말이 아님을 알 수 있다.

쌀이 곧 생명인 농민들에게 있어서 벼가 누렇게 익은 넓은 논은 그야 말로 황금을 품고 있는 들판이다. 황금만큼이나 귀한 벼가 가득 자라 있는 들판이니 "황금빛 들판"이라 말했을 것이다. 누렇게 변한 갈대가 가득 자라 있는 넓은 땅은 누런 벌판일 뿐이다. 농민들의 꿈을 이뤄주었던 시월의 황금빛 들판이 영원하기를 바라본다.

떠벌리다와 떠벌이다

우리는 가끔, 사회에 크게 이바지하고도 그 일을 내세우지 않는 사람에 대한 이야기를 듣곤 한다. 반면에, 작은 일을 해놓고도 아주 큰 업적을 이룬 것처럼 여기저기 자랑하는 사람도 볼 수 있다. 특히 요즘에는 페이스북과 같은 사회적 소통망이 발달하다 보니, 시시콜콜한 나날살이에서도 자랑거리를 만들어 내세우는 일이 잦다. 이처럼 "이야기를 과장하여 늘어놓는 것"을 '떠벌리다'라고 한다.

그런데 이와 발음이 비슷한 경우로서 '떠벌이다'는 말도 있다. 알다시피 '떠벌리다'와 '떠벌이다'는 다른 낱말이다. '떠벌이다'는 "어떤 판을 크게 벌이다"는 뜻이다. '떠벌리다'가 좀 부정적인 말인 데 비해, '떠벌이다'는 그렇지 않음을 알 수 있다. 예를 들어, "어떤 사람이 자기 집값이 두 배로 올랐다고 떠벌리고 다닌다."라고 말할 때는 '떠벌리다'이고, "혼인 잔치를 크게 떠벌여 놓고 많은 사람을 초청했다."고 할 때에는 '떠벌이다'라고 말한다.

그리고 자주 수다스럽게 떠드는 사람을 낮잡아서 말할 때에는 '떠버리'라고 한다. 참고로, '벌리다'와 '벌이다'의 뚜렷한 차이를 알아 보면, '벌리다'는 "양팔을 벌리다."처럼 물리적인 간격이 떨어지는 것이고, '벌이다'는 "새로운 사업을 벌이다."처럼 어떤 일을 시작하는 것이다. '떠벌리다'는 입을 벌려 떠드는 것이므로 '벌리다'에서 나온 말이고, '떠벌이다'는 큰 행사를 시작하는 것이므로 '벌이다'에서 나온 말이다.

떨거지와 떼거지

아직도 설 명절마다 나라 안 곳곳에서 아들딸과 손주들이 몰려드는 집안이 있다. 주름 깊게 팬 할머니는 싫지 않게 웃으며 "어이구, 이게 웬 떨거지들이냐!" 하신다. 일가친척 붙이를 '떨거지'라고 한다. "그 집도 떨거지가 많다."처럼 쓴다. 또, 일가친척 붙이는 아니지만 가깝게 지내는 사람들을 한데 아우를 때도 떨거지라고 하였다. 본디는 낮은말이 아니었다. 그러던 것이 오늘날에는 한통속으로 지내는 사람들을 낮추어 부르는 말로 변하여 쓰이고 있다.

'떨거지'와 형태가 비슷한 '떼거지'라는 말이 있는데, 이 말은 '떼를 지어 다니는 거지'가 줄어들어 만들어진 말이다. 흔히 '졸지에 거지처럼 되어 버린 사람들'을 비유하는 낱말로 쓰여서, "지난 수해로 그 마을 사람들은 하루아침에 떼거지가 되었다."와 같이 표현된다. 그런데 가끔, "한 번만 만나 달라고 떼거지를 썼다." 또는 "떼거지를 부렸다."라는 말을 주위에서 들을 수 있다. 이것은 올바른 말이 아니다. 이때에는 '떼거지'가 아니라 '떼거리'로 써야 한다. 무리한 요구를 들어 달라고 고집 부리는 짓을 '떼'라고 하는데, 이 '떼'를 속되게 이르는 낱말이 '떼거리'이다. '떼거리'와 '떼거지'는 뜻과 쓰임이 서로 다를 뿐 아니라, '떼'와 '떼거지'는 표준말이지만, '떼거리'는 속어이다.

졸지에 거지처럼 되어 버린 사람들을 떼거지라고 하니까, 반대로 졸지에 부자가 된 사람 곧 졸부를 '떼부자'라고 부르는 일이 많다. 그러나 우리말에 '떼부자'라는 말은 없다. 이때에는 '벼락부자'라고 한다. 또, 겉으로는 거지꼴을 하고 다니지만, 집에 가보면 살림이 부유한 사람이 있는데, 이런 사람을 '난거지든부자'라고 한다. 눈을 크게 뜨고 살펴보면, 주변에 난거지든부자들이 뜻밖에 많음을 알 수 있다.

마치다와 끝내다

교사가 학생들에게 "개인 사정으로 10분 앞당겨 수업을 마치겠습니다."라고 하면, 이 문장은 우리말을 바르게 사용한 것이라 할 수 없다. '마치다'는 말은 국어사전에 '어떤 일이나 과정이 끝나다.'라고 풀이되어 있다. 곧 어떤 일을 의도적으로 끝나게 하는 것이 아니라, 말하는 이의 의지와 상관없이 그냥 끝나는 것임을 알 수 있다. 만일 의도적으로 '어떤 일이나 과정을 끝나게 하다.'는 뜻을 표현하려면 '마치다' 대신에 '끝내다'는 말을 사용해야 한다. 따라서 앞의 문장은 "개인 사정으로 10분 앞당겨 수업을 끝내겠습니다."로 고쳐 써야 정확한 표현이 된다. 정리하면, 정해진 수업 시간을 다 채웠을 때는 "오늘 수업은 여기서 마치겠습니다."라고 하지만, 어떤 사정으로 수업 시간을 다 채우지 못하고 중도에 그만둘 때에는 "오늘 수업은 여기서 끝내겠습니다."라고 말하면 된다.

'마치다'와 '끝내다'가 뚜렷하게 구별되는 예를 들어 보면, '삶을 마치다'와 '삶을 끝내다'를 생각해 볼 수 있다. '삶을 마치다'는 남은 생애가 순리대로 다한 것을 뜻하지만, '삶을 끝내다'는 이 순리를 거슬러 자기의 의지로 생명을 버리는 것을 나타내게 된다. 다시 말해 주어진 삶을 '마치는 것'은 일생이고 '끝내는 것'은 인생이다. 일생이란 것은 자기의 의지대로 멈출 수 있는 것이 아니기 때문에, 엄밀히 말하면 일생을 '마칠' 수는 있지만 '끝낼' 수는 없다.

반면에, 처음부터 자기의 의지대로 시작한 장사나 사업의 경우에는 거꾸로, '끝낼' 수는 있지만 저절로 '마칠' 수는 없다고 할 수 있다. 물론 미리 기간을 정해놓고 시작한 장사나 사업일 때는 그 기간이 다 되었을 때 '마치다'를 쓸 수 있다. 이렇게 보면, '마치다'에는 긍정적이면서도 소극적인 뜻이 담겨 있고, '끝내다'는 부정적이면서도 한편으로는 적극적인 느낌을 주는 말이라고 볼 수 있다.

매운탕과 싱건탕

　음식점에 가면 차림표에 '대구지리', '복지리' 따위로 써 붙인 것을 흔히 볼 수 있다. 고춧가루를 넣어 얼큰하게 끓인 생선국을 '매운탕'이라 하는 데 비하여, 고춧가루를 쓰지 않은 생선국을 그렇게 일컫고 있는 것으로 알고 있다. 그러나 '지리(ちり)'는 일제강점기 이후 아직도 우리말의 발목을 붙잡고 있는 일본어 낱말이다.

　몇몇 책에서는 '지리'를 대신할 우리 낱말로 '백숙'을 들어 놓았다. 양념하지 않은 채로, 곧 하얀 채로 익혔다는 뜻이겠다. 하지만 '대구지리'나 '복지리'를 '대구백숙, 복백숙'이라 하는 것은 마땅하지 않다. 그것은 달걀 백숙과 같은 음식이 아니라 국이기 때문이다. 이 음식들은 매운탕과 상대되는 것이므로 '지리'란 말을 '맑은탕'이나 '싱건탕'으로 대신하는 것이 좋겠다. 국립국어원에서는 이미 '맑은탕'으로 순화해 놓았다. 예를 들어 '복지리'는 '복맑은탕'이나 '맑은복탕'으로, '대구지리'는 '대구맑은탕'이나 '맑은대구탕'으로 바꾸어 쓰도록 한 것이다.

시내 음식점 가운데 '맑은순두부'를 팔고 있는 곳이 더러 있다. 주문할 때에는 그저 "맑순 주세요." 한다. 그리고 보면 고춧가루를 넣지 않은 국물 음식에는 두루 '맑은'을 붙일 만하며, 빛깔에 관계없이 맵지 않은 국물 음식은 '싱건찌개', '싱건탕'처럼 '싱건'을 붙여 써도 괜찮을 듯하다. 아무튼 이제부터는 음식점 차림표에서 '복지리'나 '대구지리'와 같은 국적 불명의 음식 이름들은 씻어내었으면 좋겠다.

무더위와 강더위

긴 장마 끝에는 무더위가 기다리고 있다. 우리 속담 가운데, "밥은 봄같이 먹고, 국은 여름같이 먹고, 장은 가을같이 먹고, 술은 겨울같이 먹으랬다."는 말이 있다. 밥은 따뜻하게, 국은 뜨겁게 먹어야 한다는 속담이다. 더운 날씨일수록 너무 찬 음식을 찾기보다는, 선조들의 가르침대로 잘 끓여서 뜨겁게 먹는 습관을 들이는 것이 건강에 도움이 되리라 생각한다.

'무더위'는 '물'과 '더위'가 한 몸이 되어 만들어진 말이다. 습도가 높아 찌는 듯한 더위를 가리킨다. 이에 비해, 비가 오지 않아 습기가 없고 타는 듯이 더운 것은 '강더위'이다. 흔히 '땡볕더위', 또는 '불볕더위'라고 하는 것이 바로 강더위이다. 무더위와 강더위는 둘 다 몹시 더운 날씨를 말하지만, 습도가 높아 찌는 듯한 더위냐, 그렇지 않으면 비 한 방울 오지 않고 타는 듯한 더위냐 하는 뜻 차이가 있다.

우리말 '강더위'와 상대어라고 할 수 있는 말이 '강추위'이다. 기상 예보에서 아주 강한 추위를 가리켜 '강추위'라고 말하고 있는데, 그것은 한자 '굳셀 강'(强) 자를 붙여 말하고 있는 것이지, 본래부터 쓰던 순우리말 '강추위'와는 뜻이 다른 말이다. 순우리말 '강추위'의 '강'은 아무 것도 끼어들지 않은 순수한 것을 나타낼 때에 붙이는 접두사이다. '강더위'가 비가 오지 않고 타는 듯이 더운 날씨를 말하는 것처럼, '강추위'라고 하면 눈이 오지 않고 바람도 불지 않으면서 몹시 추운 날씨를 가리킨다. 아무리 추워도 눈이 내리고 바람이 불면 강추위가 아니었는데, 요즈음엔 한자 '强' 자가 달린 변종이 나타나 "눈보라 치는 강추위"라는 표현이 자연스러워졌다.

이와 비슷한 경우로 안주 없이 마시는 술을 '강술'이라고 한다. 소주를 안주 없이 마시면 '강소주'라고 말할 수 있다. 흔히 된 발음으로 '깡술', '깡소주'라고 하는데, '강술', '강소주'가 표준말이다. '강'이 "다른 첨가물이 없이 오직 그것만으로 된"이라는 뜻을 보태 주는 순우리말이기 때문에, 두부나 호박 같은 재료를 넣지 않고 빡빡하게 끓이는 된장을 '강된장'이라고 하는 것이다. 이 '강된장'을 일부 지방에서는 '깡장'이라 말하기도 한다. '강'이 붙는다고 모두 한자말 '굳셀 강'으로만 여길 게 아니라, 이렇게 순우리말 '강'이 따로 있다는 것을 생각해서 여러 가지 경우에 응용해서 쓰면 좋겠다.

무더위와 한여름

요즘처럼 찌는 듯이 더운 날씨를 '무더운 날씨'라고 말한다. 본디 '찌다'는 말은 물을 끓여서 뜨거운 김으로 익히는 것을 가리킨다. 그러니 찌는 듯이 덥다는 것은 뜨거운 김으로 익혀지는 듯이 덥다는 뜻이 된다. 뜨거운 김은 끓는 물에서 올라오는 것이니, '물'과 '더위'를 합친 '무더위'가 곧 "찌는 듯한 더위"를 나타내는 말이 되었다.

이렇게 무더운 여름이나 또는 추운 겨울에는 흔히 '한여름', '한겨울'이라는 말을 자주 쓴다. 그러나 '한봄'이나 '한가을'이라고 말하지는 않는데, 그것은 이때의 '한'이라는 말이 "한창"이라는 뜻을 가지고 있기 때문이다. '한밤중'이라고 하면 "한창 밤중"이라는 뜻이 되는 것처럼, 더위가 한창인 여름이나 추위가 한창인 겨울에만 '한여름', '한겨울'이라는 말을 쓴다. 그만큼 여름은 여름다워야 제 맛이고, 겨울은 겨울다

워야 제 맛이다.

　앞 세대 사람들은 복날만 되면 삼삼오오 어울려 찾아가는 집이 있었다. 바로 보신탕집이다. (요즘 세대는 거의 보신탕집을 찾지 않는다.) 보신탕은 우리말로 개장국이라 한다. 개고기는 혐오 식품으로 분류되기 때문에, 예부터 개장국에 개고기 대신 쇠고기를 넣고 끓여 먹기도 하였다. 이 음식은 고기만 다를 뿐 개장국과 똑같은 방법으로 끓이기 때문에 쇠고기를 나타내는 '육(肉)' 자를 앞에 붙여서 '육개장'이라고 불렀다. 마찬가지로 닭고기를 넣어 끓이면 '닭개장'이라고 할 수 있다. 가끔 '육계장'이라는 표기를 볼 수 있는데 이는 '육개장'을 잘못 쓴 것이다.

무동과 도무지

'무동 태우다'는 말은 본래 사당패의 놀이에서 나온 말이다. 여장을 한 사내아이가 사람 어깨 위에 올라서서 아랫사람이 춤추는 대로 따라 추는 놀이가 있었는데, 이때 어깨 위에 올라선 아이를 '무동(舞童)'이라고 한 데서 나왔다고 한다. 이 말이 번져서, 어깨 위에 사람을 올려 태우는 것을 '무동 태우다'라고 하게 되었다. '무동'은 한자말이고, 순우리말로는 목 뒤로 말을 태우듯이 한다고 해서 생겨난 '목말 태우다'라는 말이 있다.

"도무지 알 수 없다."라 할 때의 '도무지'란 말은, 대원군 시대에 행해지던 형벌에서 생겨난 말이라고 한다. 포도청의 형졸들이 죄수에게 사형을 집행할 때에, 백지 한 장을 죄수의 얼굴에 붙이고 물을 뿌리면 죄수의 숨이 막혀 질식사를 했는데, 이것을 '도모지(塗貌紙)'라 한다는 기록이 있다. 아마 이처럼 끔찍한 형벌을 당하면 옴짝달싹도

못 하고 어찌해 볼 도리가 없다는 뜻에서 '도모지'란 말이 번져 나갔다가, '도무지'로 발음이 변한 것으로 보인다.

이처럼 어원은 한자에 있더라도 세월이 흐르면서 완전히 우리말이 되었기 때문에, 국어사전에도 이 말들은 한자 표시 없이 우리말로 올라와 있다. 우리나라 사람들이 좋아하는 구수한 '숭늉'도 그러한 사례 가운데 하나인데, '숭늉'은 한자어 '숙랭(熟冷)'에서 나온 말로 '익힌 찬물'이라는 뜻이다. '숙랭'이 오늘날 발음이 변하여 '숭늉'으로 굳어져 쓰이면서 완전히 우리말이 된 사례라고 할 수 있다.

밑과 아래

흔히 쓰는 말인데도 '밑'과 '아래'의 차이를 물어보면 대답하기가 쉽지 않다. 국어사전에서는 '밑'을 "물체의 아래나 아래쪽"으로 풀어놓고, '아래'에는 "어떤 기준보다 낮은 위치"로 설명해 놓았다. 이 사전 풀이만으로는 얼른 구별되지 않는다. 먼저 '밑'의 쓰임새를 보면, "다리 밑에서 주워 온 아이", "손톱 밑의 때", "밑 빠진 독에 물 붓기" 등과 같은데, 모두 다리와 손톱과 독의 가장 아래쪽을 가리키고 있음을 알 수 있다. 그러나 이때의 '밑'을 '아래'로 바꿔 써보면 매우 어색하다. 말하자면 '밑'은 '항아리 밑'처럼 사물의 일부이거나 '다리 밑'처럼 그 사물의 직접적인 영향권 안에 있는 부분을 가리킨다고 할 수 있다.

이와는 달리 '아래'는 '아랫배', '아랫사람'처럼 '위'와 짝이 되는 경우이거나 "산 아래 동네"처럼 사물과 어느 정도 거리를 두고 떨어져 있는 공간을 가리킬 때 쓰는 말이다. 가령, '밑에서'라고 하면 "나는 훌륭한 선생님 밑에서 배웠다."처럼 앞 사물의 직접적인 영향을 받는 관계를 나타내지만, '아래에서'라고 하면 "나무 그늘 아래에서 책을 읽었다."처럼 어떤 조건이나 영향이 미치는 범위를 가리키는 말로 쓰인다.

그러면, "훌륭한 지도자 밑에서"와 "훌륭한 지도자 아래에서" 가운데 어느 것이 바른 말일까? '밑'은 '아래'보다 밀접한(또는 직접적인) 관계를 나타내기 때문에, "훌륭한 지도자 밑에서"라고 하면 바로 그 지도자를 모시고 있는 관계를 말한다고 볼 수 있고, "훌륭한 지도자 아래에서"는 그 지도자의 다스림을 받는 처지를 나타낸다고 볼 수 있다. 그러므로 이때에는 둘 중의 하나가 틀리는 것이 아니라, 두 가지 표현이 서로 다른 뜻을 나타낸다고 할 수 있다.

바동거리다와 굽실거리다

　"반지하방에서도 악착같이 살기 위해 바둥거렸다."에서 볼 수 있
듯이, 힘겨운 처지에서 벗어나려고 바득바득 애를 쓴다는 뜻으로 쓰는
말이 '바동거리다', '바동대다'이다. 이 '바동거리다/바동대다'의 큰말
은 '버둥거리다/버둥대다'이다. 그러나 실제 말글살이에서는 "지하방
에서도 악착같이 살기 위해 바둥거렸다."처럼 많은 사람들이 '바둥거
리다/바둥대다'로 쓰고 있다. 본디 말과는 어긋난 표현이지만 이미
많은 이들이 이처럼 쓰고 있기 때문에, 국립국어원은 인터넷 『표준국
어대사전』에 '바둥거리다/바둥대다'를 표준말로 올려놓았다.

　"으리으리한 저택 주인 앞에서는 왠지 굽신거리게 된다."에서 '굽
신거리다'는 남의 비위를 맞추느라고 비굴하게 행동하는 모양을 나타
내는 말이다. 그런데 이 말도 본디 '굽실거리다'로만 쓰이던 것이다.
고개나 허리를 숙였다 폈다 하는 모양을 '굽실거리다'라고 하며, 이

말의 작은 말이 '곱실거리다'이다. 주로 남의 비위를 맞추느라 비굴하게 행동하는 모습을 나타낼 때 쓰인다. 이 말이 언젠가부터 '굽신거리다'로 잘못 쓰이기 시작하더니, 마침내 '굽실거리다'와 함께 복수 표준어로 자리 잡게 되었다.

앞의 '바동거리다'와 비슷한 말 가운데 '아등바등'이 있다. 무엇을 이루려고 애를 쓰거나 우겨대는 모양을 표현하는 말이다. 수험생을 뒷바라지하고 있는 부모님들은 자식이 공부를 게을리 해서 속이 상하면 "너 하나 잘 되라고 이렇게 아등바등 살고 있는데" 하고 꾸짖기도 한다. 이 말 또한 나날살이에서는 '아둥바둥'으로 흔히 쓰이고 있다. '등'이 '둥'으로 원순모음화하고 있는 것이다. 이는 아직 표준말로 인정되지 않았지만 '바둥거리다', '굽신거리다'의 사례에 비추어, 머지않아 인터넷 『표준국어대사전』에서도 '아둥바둥'을 만나게 될 것으로 생각된다.

반도와 곶

　　남과 북의 왕래가 자유로워지면 가장 먼저 가보고 싶은 곳으로 평양과 묘향산을 꼽는 이들이 많다. 평안남도와 평안북도를 가르는 묘향산맥의 주봉이 묘향산이다. 그런데 북한에서는 묘향산맥을 묘향 산줄기라 이른다. 우리 겨레는 예부터 '산봉우리, 산마루, 산줄기, 산비탈, 산자락, 산기슭' 들로 불러 왔는데, 이 가운데 '산줄기'가 일본말 '산맥'으로 바뀌어 버린 것이다. '백두대간'이라 할 때의 '대간'이나 '정맥, 지맥' 들의 '간, 맥'이 다 '줄기'라는 말이다. '산맥'을 '산줄기'라고 살려 쓰면 남북한 언어의 차이도 줄어들 것이다.

　　지난날 일제가 바꾸어 놓은 우리 땅이름들은 셀 수 없이 많다. 일본이 우리 국토를 가리키던 '조선반도'가 아예 '한반도'로 굳어져, 오늘날에는 우리 스스로도 우리 땅을 한반도라 부르게 되었다. '반도'라는 말은 일본사람들이 영어 'peninsula'[피닌슈러]를 번역해 놓은 말이다. 일본 사전에 보면 '반도'를 "바다로 내밀어 섬 모양을 한 뭍"으로 풀이해 놓았다. 그런데 일본 사전에는 '반도'의 뜻풀이에 "특히 조선을 말함."이라고 보태어 놓았다. 여기에는 일본은 '온 섬'인데 조선은 '반 섬'밖에 안 된다고 낮추려는 뜻이 담겨 있다.

본디 우리에게는 '곶'이라는 말이 있다. 바다로 길게 뻗어 나온 뭍을 곶이라 하니, 반도를 순화해서 쓰기 꼭 알맞은 말이다. 요즘에야 '호미곶', '장산곶' 들처럼 주로 뒷가지로만 쓰이고 있지만 이름씨로서 그 쓰임새를 더욱 넓혀 언젠가 '반도'를 다시 밀어낼 그날이 꼭 오기를 바란다.

반죽과 변죽

우리말에 '반죽이 좋다'란 표현이 있다. '반죽'은 "쌀가루나 밀가루에 물을 부어 이겨 놓은 것"이다. 이 반죽이 잘 되면 뜻하는 음식을 만들기가 쉽기 때문에, 마음먹은 대로 원하는 물건에 쓸 수 있는 상태를 '반죽이 좋다'고 말한다. 이 뜻이 변해서 오늘날에는 "쉽사리 노여움이나 부끄러움을 타지 않을 때"에도 '반죽이 좋다'고 말한다.

그런데 이런 경우의 '반죽이 좋다'를 흔히 '변죽이 좋다'고 혼동해서 쓰는 경우가 있다. '반죽'과 '변죽'의 발음이 비슷해서 헷갈리는 경우이다. '변죽'은 "그릇이나 과녁의 가장자리"를 뜻하는 말이다. 한가운데가 아니라 가장자리이다. 여기에서 나온 말이 '변죽을 울리다'인데, "바로 집어 말을 하지 않고 둘러서 말을 하다." 곧 '남이 눈치를 챌수 있을 정도로만' 말하는 것을 뜻한다. 가령, "재개발이 변죽만 울리며 몇 년째 시행되지 않고 있다."는 말은, 재개발을 할 것처럼 주변에서 말들이 오갈 뿐 몇 년 동안 시행되지 않고 있다는 뜻이 된다. '변죽'과 '반죽'은 서로 전혀 다른 말이므로 잘 구별해서 써야 한다.

변죽, 반죽과 형태가 비슷한 '딴죽'이란 말도 있다. 씨름이나 태껸 같은 데서 발로 상대자의 다리를 옆으로 쳐서 쓰러뜨리는 재주를 '딴죽'이라고 하는데, 발로 상대자의 다리를 걸어 당기는 동작을 "딴죽 걸다."라고 한다. 그리고 발로 남의 다리를 후려치는 동작은 "딴죽(을) 치다."라고 한다. 이 말은 "서로 약은 체를 하고 딴죽을 걸고 있다."와 같이, "서로 동의했던 일을 어기고 딴청만 부릴 때"에도 비유적으로 쓰는 표현이다.

발전과 발달

자주 쓰면서도 뜻 구별이 뚜렷하지 않은 낱말들이 더러 있다. '보전'과 '보존'이 그렇다. 사전 풀이에 따르면, '보존'은 "보호하여 남아 있게 하는 것"을 말하고, '보전'은 "보호하여 유지하는 것"을 의미한다. 비슷한 것 같지만, '보존'은 있는 그대로 간직한다는 뜻이 짙고, '보전'은 온전하게 간직한다는 적극적인 뜻이 강하다. 그러니까 '보전'에는 잘못된 것이 있으면 그것을 바로잡고 채워서 간직한다는 뜻이 들어 있다. 예를 들어, 옛 우물터를 본디의 모습대로 유지하는 것은 '보존'이지만, 부족한 물 자원을 보호하기 위해 노력하는 것은 "수자원을 보전한다."고 표현하는 것이 알맞다.

이렇게 구별해서 쓰기 어려운 말 가운데 '발전'과 '발달'도 있다. '발전'과 '발달'의 의미 차이를 뚜렷하게 가르는 것은 더욱 어렵다. 다만 대체적으로, '발전'은 보다 못한 상태에서 더 나은 상태로 넘어가는

'과정'에 주된 의미가 있는 반면에, '발달'은 주로 일정한 수준에 이른 '상태'를 가리킨다. 곧 '발달'은 과정이 아닌 상태라는 점에서 '발전'과 구별된다.

예를 들면, "아이의 수학 실력이 많이 발전했다."에서는 '발전'을 '발달'로 바꿀 수 없으며(완전한 지경에 이른 것이 아니므로), "인간의 신체 발달은 청소년기에 거의 이루어진다."에서는 '발달'을 '발전'으로 쓸 수가 없다. 우리가 개업한 집에 '축 발달'이 아니라 '축 발전'이라고 인사하는 것도 이러한 차이에 따른 것이다.

벽창우와 벽창호

　매우 우둔하고 고집이 센 사람을 가리키는 '벽창호'라는 말이 있다. 언뜻 벽창호라 하면 벽에 창문 모양을 내고 벽을 쳐서 막은 부분이 떠올려진다. 빈틈없이 꽉 막힌 벽이 고집 센 사람의 우둔하고 답답한 속성과 잘 맞아 떨어지기 때문이다. 그러나 사람을 가리키는 관용어 '벽창호'는 건물의 '벽창호'('벽'과 '창호'를 합한 복합어)와는 전혀 관련 없는, '벽창우'('벽창'과 '우'를 합한 복합어)가 변하여 굳어진 말이다.

　'벽창우'에서의 '벽창'은 평안북도의 '벽동'과 '창성'이라는 지명에서 각각 한 자씩 따와 만든 말이고, '우'는 소를 뜻하는 한자말이다. 따라서 '벽창우'는 '평안북도 벽동과 창성 땅에서 나는 큰 소'가 된다. 이 두 지역에서 나는 소가 매우 크고 억세기 때문에, 고집이 세고 무뚝뚝한 사람을 이에 빗대어서 '벽창우'라고 했던 것인데, 이 말이 변해서 '벽창호'라고 쓰이고 있는 것이다. 이렇게 변한 데에는 이미 널리 퍼져 있던, 건물에 있는 벽창호와 발음을 혼동하였기 때문인 듯하다.

2019년 가을, 당시 국회의장이 일본 도쿄 데이코쿠 호텔에서 도쿄 한국학교장을 만나 "以人爲本"이라고 쓴 친필 휘호를 전달했던 적이 있다. 대한민국 국회의장이 일본 땅에 있는, 그것도 한국학교에 선물한 한문글자이다. 이 분은 그 해 2월에도 낸시 펠로시 당시 미국 하원의장에게 "萬折必東"이라는, 중화주의에 물든 한문 휘호를 선물하여 국민의 눈살을 찌푸리게 했었다. '벽창호' 하면 떠오르는, 참 한결같은 분이다.

변변함과 칠칠함

    나날살이에서 자주 쓰고 있는 말 가운데, 긍정적인 말인데도 부정적인 뜻으로 잘못 쓰이는 말들이 더러 있다. 예를 들어, '변변하다'를 보잘것없다는 뜻으로 잘못 알기 쉬운데, 이 말은 그런 뜻이 아니다. '변변하다'는 "제대로 갖추어져 충분하다."는 뜻이다. "변변한 나들이 옷 한 벌 없다."처럼 쓰인다. 또, "살림살이가 남에게 떨어지지 않다."는 뜻도 가지고 있어서, "변변한 집안에 시집보내야 고생하지를 않지."라고 쓸 수 있다. 이 말을 부정적으로 써서 보잘것없다는 뜻으로 표현하려면, 그 뒤에 '않다'를 붙여서 '변변하지 않다'로 써야 한다. '변변하지 않다'는 '변변치 않다', '변변찮다'처럼 줄여 써서 모자라거나 남보다 못한 것을 나타내는 말이다.

    이와 비슷한 사례로, '칠칠하다'란 말이 있다. 언뜻 생각하면 '칠칠하다'도 뭔가 부정적인 뜻을 지니고 있을 것 같지만, 이 말은 "깨끗하고 단정하다." 또는 "성격이 야무지다."는 뜻으로 쓰이는 말이다. 이 말을 부정적인 표현으로 바꾸려면 그 뒤에 '못하다'나 '않다'를 붙여야 한다. 곧 '칠칠하지 못하다', '칠칠하지 않다'처럼 표현하면, "깨끗하지 않다.", "야무지지 못하다."와 같은 뜻이 된다. 이 말을 좀 더 속되게 표현한 것이 '칠칠맞지 않다', '칠칠맞지 못하다'이다. 따라서 단정하지 않거나 야무지지 않은 것을 "칠칠맞다."라고 하면 안 되고, 반드시 그 뒤에 '않다'나 '못하다'를 붙여서, "칠칠맞지 않다.", "칠칠맞지 못하다."로 말해야 한다.

'방정맞다'도 비슷한 사례이다. '방정'이란 말은 순우리말로서 "가볍게 하는 말이나 행동"을 뜻한다. 그러니까, 몹시 경망스럽게 말하거나 행동하는 것을 보고 "방정맞다.", "방정을 떨다.", 또는 "방정스럽다."처럼 말한다. 그런데, 한자말 가운데도 '방정'(方正)이 있다. 이 말은 순우리말 '방정'과는 다르게 "말이나 행동이 바르고 점잖다."는 뜻이다. 상장을 줄 때 "품행이 방정하고 학업이 우수하여"라고 하는 것이 바로 이 말이다. 이 말을 부정적으로 쓸 때에는 "방정하지 못하다."라고 해서 "말이나 행동이 점잖지 못하다."라는 뜻을 표현할 수 있다.

부딪힐 때와 부딪칠 때

성인 남성의 경우, 복잡한 지하철을 타게 되면 손의 위치에 신경을 쓰게 된다. 의도하지 않더라도 자칫 성추행의 오해를 받을 수 있기 때문이다. 사람과 사람이 부대끼며 사는 세상이라지만, 절대로 부대끼면 안 될 때도 있는 것이다. 한창 코로나19가 유행할 때 출근길 지하철에서는 손의 위치보다도 간간이 나오는 잔기침이나 알레르기성 비염으로 인한 재채기가 더욱 신경 쓰였다. 코로나19 바이러스는 그렇게 사람과 사람 사이를 2미터 바깥으로 떨어트렸다.

2미터 접근도 용납 않는 그 살벌했던 시국에, 지하철에서 내리고 타는 사람끼리 부딪게 되는 참사가 벌어졌다고 하자. 이럴 경우에는 '부딪힐' 때와 '부딪칠' 때가 있을 수 있다. 부딪힌 경우에는 서로 사과하며 지나쳐 가야지, 시비를 일으킬 일이 아니다. 둘 다 의도하지 않게 부딪음을 당했기 때문이다. 하지만 누군가에게 '부딪쳤다'면 시비가 따르게 된다. 피동의 뜻을 나타내는 '부딪히다'와는 달리, 의도적이거나 능동적인 상황을 나타낼 때에는 '부딪다'를 강조한 '부딪치다'를 쓴다.

예를 들면, "두 손바닥을 서로 부딪쳤다."고 할 때에는 '부딪치다'로 쓰고, "한눈팔다가 간판에 부딪혔다."라든지, "어려운 문제에 부딪히면 도움을 요청해라."고 할 때에는 '부딪히다'로 쓰면 된다. 말하자면, '부딪다'를 강조하여 이르는 '부딪치다'는 능동사이고, '부딪히다'는 '부딪다'의 피동사이다. 부딪는 행위가 능동적(또는 의도적)이냐 아니냐에 따라 두 낱말을 구분해서 쓸 수 있는 것이다.

부시다와 부수다

받아쓰기를 할 때 '부숴 버리다'를 적어 보라고 하면, 쓰는 사람에 따라서 대개 두 가지 형태가 나온다. 어떤 이는 '부셔 버리다'로 적고, 어떤 이는 '부숴 버리다'로 적는다. '부셔 버리다'와 '부숴 버리다'는 발음이 비슷해 헷갈리기 때문이다. 이 둘을 구분하기 위해서는 '부셔'와 '부숴'의 기본형을 살펴봐야 한다. ('부시어'의 준말인) '부셔'는 '부시다'가 기본형이고, ('부수어'의 준말인) '부숴'는 '부수다'가 기본형이다.

'부시다'는 "밥 먹은 그릇을 물로 부시다.", "냄비를 깨끗이 부셔 놓아라." 등에서와 같이 '그릇 등을 씻어 깨끗하게 하다'는 뜻으로 쓰는 말이다. 또 동음이의어로 "눈이 부셔서 제대로 뜰 수가 없다."처럼 '빛이나 색채가 강렬해 마주 보기 어려운 상태에 있다'는 뜻으로도 쓰인다. 이와는 달리 '부수다'는, "건물의 유리창을 부쉈다."라든지, "살림살이를 부수고 밖으로 뛰어나갔다."와 같이 '단단한 물체나 물건을 깨뜨려 못 쓰게 만들다'는 의미를 지니고 있다. 만일 '상대를 가만두지 않겠다', 곧 부수거나 깨뜨려 못 쓰게 만들겠다는 의미라면 '부숴버리다'라고 해야 한다.

준말 쓰기가 헷갈리는 낱말 가운데 '사귀다'도 있다. '사귀다'라는 말을 '사귀어', '사귀었다'처럼 나타낼 때에는 일반적으로 [사계], [사겼다]로 줄여서 말하고 있지만, 이러한 말을 옮겨 적을 방법이 없다. 한글에는 '위' 소리와 '어' 소리를 합친 모음 글자가 없기 때문이다. 따라서 [사계] 보았다', [사겼다]'는 '사귀어 보았다', '사귀었다'로 적어야 올바르다. 마찬가지로, '두 사람의 몸이 [바꼈에]'도 '바뀌었어'로 적어야 하고, '다 귀찮으니 [집어체]' 할 때에도 '집어치워'로 적는 것이 옳다.

북새와 북새통

    오랫동안 광화문 부근 일터에서 근무해 온 직장인들에게 갖가지 집회와 소음은 익숙한 일상이다. 그러나 아무리 내공이 쌓였어도 창밖으로 들리는 확성기 소리와 뜻 모를 구호나 선동에도 아랑곳없이 맡은 일에 집중하기란 결코 쉬운 일이 아니다. 총선이나 대선 때가 되면 땅이 흔들리는 듯한 광화문 네거리의 북새통에는 누구도 견딜 재간이 없게 된다.

    '북새통'은 많은 사람이 들끓어 북적북적한 상태를 나타낸 말이다. 예를 들면 전쟁 같은 난리 통을 북새통이라고 한다. 그리고 여럿이서 어떤 일을 방해하는 것을 '북새질치다', '북새놓다'고 하며, 그런 판이 벌어진 곳을 '북새판'이라 한다. 그렇다면 이 '북새'란 말의 유래가 궁금해지는데, 사전에는 '북새'가 "많은 사람이 야단스럽게 부산을 떨며 법석이는 일."이라고 풀이되어 있다. 일반적으로 '북새'는 '북적거리다'의 뿌리인 '북'과 '모양새, 꾸밈새, 매무새' 들에 사용되는 뒷가지 '새'가 붙어 만들어진 낱말이라는 견해가 있다. 그에 따라 '북새통'은 '북적거리는 모양'이라는 것이다.

그런가 하면, '북새'의 본디말이 '복새'라는 견해도 있다. 복새는 '복사(覆沙)'가 변한 말로서, '복대기'와 같은 말이다. 광석을 빻아 금을 골라낸 뒤에 남은 돌가루를 복대기라 하는데, 이 복대기에서 다시 금을 골라내는 작업을 하는 큰 통을 '복대기통'이라고도 하고 '복새통' 이라고도 한다. 이 복새통에 광석 알갱이를 넣어 흔들고 약품 처리를 하는 과정이 매우 복잡하고 어수선하고 시끄러웠기 때문에 여기에서 나온 말이 '복새통'이고, 이 말이 변해서 '북새통'이 되었다는 견해가 있다.

비리와 비위

정부나 지방자치단체는 기회 있을 때마다 "앞으로 비리 공무원은 금액·지위에 관계없이 퇴출당하고, 이후에도 공직에 취업하는 것이 제한된다."고 밝히고 있다. 뇌물 수수를 엄하게 금지하는 조치로서 당연한 일이지만, 수십 년 동안 같은 말을 반복한다는 것은 이 일이 결코 쉽지 않음을 나타내고 있다. 그런데 이때 '비리 공무원'은 알맞게 쓰인 표현이 아니다.

'비리'는 "옳지 않은 일"을 뜻하는 말이다. "비리를 보고 따끔하게 꾸짖었다."처럼 쓸 수 있지만, '비리'라고 해서 모두 법적으로 처벌 받을 일이라고는 할 수 없다. "법에 어긋나는 일"을 뜻하는, '비위'라는 말이 따로 있다. 이 '비위'를 써야 할 자리에까지도 모두 '비리'를 쓰는 경향이 있는데, 앞에서도 '비리 공무원'보다는 '비위 공무원'이 더 알맞은 표현이다. 공무원이 뇌물을 받는 것은 그저 '옳지 않은 일'이라기보다는 '범법 행위'이기 때문이다.

　이렇게 비슷한 뜻을 가진 말을 잘 가려 쓰지 않는 경우가 있는가 하면, '내빈', '외빈'처럼 굳이 함께 쓰지 않아도 될 말을 나란히 쓰고 있는 사례도 있다. 이때의 '내'는 '올 래'(來) 자이지 '안 내'(內) 자가 아니다. 공식적인 자리에 초대 받아 온 손님은 모두 '내빈'이다. 외부에서 온 손님이나 외국에서 온 손님들도 모두 '내빈'이다. 굳이 '외빈'이라는 말을 함께 쓸 필요가 없다. '내빈'이라고만 하면 행사장이나 식장에 온 모든 손님을 두루 일컫는 말이 되므로 '내외빈'이라는 말 또한 바르지 않다. 사회자는 행사장에 온 손님들을 향해 "내빈 여러분"이라고만 말하면 된다.

비칠 때와 비출 때

맹추위가 기승을 떨치는 추운 날씨라 해도 한낮에는 볕이 드는 곳이 있기 마련이다. 빛은 눈에 밝게 보이는 것인 데 반해, 볕은 몸으로 느끼는 따뜻한 기운이라고 할 수 있다. 그래서 빛은 눈부시고 볕은 따스하다. '빛'과 '볕'의 경우처럼 '비치다'와 '비추다' 또한 형태가 비슷하여 헷갈리기 쉽다.

'비치다'는 "빛이 나서 환하게 되다."는 뜻이다. 가령, "어둠 속에 불빛이 비치다.", "밝은 빛이 창문으로 비치고 있다."와 같이 쓰일 때는 모두 '비치다'이다. 또, '비치다'는 "빛을 받아 모양이 나타나 보이다."는 뜻으로도 쓰이는데, "번쩍이는 번갯불에 어떤 사람의 모습이 비쳤다."와 같은 예가 바로 그러한 경우이다.

이에 반하여, '비추다'는 "빛을 내는 대상이 다른 대상에 빛을 보내어 밝게 하다."는 뜻으로 쓰는 말이다. 예를 들어, "손전등을 비추다.",

"문틈으로 새어 나오는 불빛이 마루를 비추고 있었다."와 같은 경우에는 모두 '비추다'로 써야 하는 것이다. 또, "거울에 얼굴을 비추어 보았다."처럼, "빛을 반사하는 물체에 어떤 물체의 모습이 나타나게 하다."는 뜻으로 쓰일 때도 '비추다'가 맞다.

빚쟁이와 빚꾸러기

학생들 사이에서 "재수 덩어리!", "왕재수야!" 하는 말들이 오가는 것을 볼 수 있다. 이 말들을 부정적으로 쓰는 것이라면, '재수'라는 말을 잘못 사용하고 있는 사례이다. '재수'라고 하면 '재물이 생기거나 좋은 일이 있을 운수'를 말한다. 그러니까, '재수'는 누구나 바라는 참 좋은 말이 된다. "왕재수야!" 하면 대단히 좋은 일이 생겼다는 말이기 때문에 말하는 사람의 의도와는 정반대가 된다. 운수 나쁜 일이 생겼을 때에는 이 말에 '없다'를 붙여서 '재수 없다'라고 표현해야 말하는 사람의 의도가 제대로 전달된다.

이런 말들은 잘못 쓰고 있는 경우이지만, 아예 원래의 뜻이 반대로 옮겨가서 굳어진 낱말들도 있다. '빚쟁이'란 말도 그러한 사례이다. 요즘에는 빚을 진 사람을 낮잡아 이를 때 쓰는 말로 '빚쟁이'를 많이 쓰고 있다. 가령 "유명 연예인이 사업 실패로 하루아침에 빚쟁이가 되었다."에 쓰인 '빚쟁이'가 바로 그렇다. 그런데 '빚쟁이'의 본디 뜻은 빚을 진 사람이 아니라, 남에게 돈을 빌려준 사람을 가리키는 말이었다. "그는 빚 독촉에 못 이겨 집을 빚쟁이에게 넘기고 말았다."처럼 써왔던 말이다.

우리말에서 빚을 진 사람을 낮잡아 이르는 말은 '빚꾸러기'였다. 예전에는 빚을 진 사람은 '빚꾸러기', 돈을 빌려준 사람은 '빚쟁이'로 엄격히 구분해 썼다. 그러나 언제부터인가 사람들은 '빚꾸러기'는 잊고 돈을 빌려 준 사람이든, 빌려 쓴 사람이든 모두 '빚쟁이'로 부르기 시작했다. '빚꾸러기'가 점점 힘이 약해지고 잘 쓰이지 않게 되자 '빚쟁이'가 '빚꾸러기'의 자리까지 빼앗아 버린 것이다. 이제 '빚꾸러기'는 사전 속에서나 볼 수 있는 말이 되었다.

빼닮다와 빼쏘다

누가 가족 가운데 한 사람을 꼭 닮았을 경우에 흔히 '빼다 박았다' 또는 '빼박았다'고 말한다. 게다가 실제 말을 할 때에는 '쏙 빼다 박았다'고 강조해서 표현하기도 한다. 그러나 이 말은 곰곰이 생각해 보면 이치에 맞지 않은 것을 눈치 챌 수 있다. "빼다 박았다."나 "빼박았다."고 하면, 땅에 박혀 있는 물건을 빼내서 다른 곳으로 옮겨 박았다는 뜻이 된다. 그러므로 사람 모습을 보고 '빼다 박았다'고 말하는 것은 잘못된 표현이라는 것을 알 수 있다.

이런 경우에 쓰는 우리말이 바로 '빼닮다'와 '빼쏘다'이다. '빼닮다' 는 많이들 쓰고 있는 말이지만, '빼쏘다'는 조금 낯설게 느끼는 이들이 있을 것이다. '빼닮다'는 "생김새나 성품 따위를 그대로 닮다."는 뜻으로, 흔히 '빼다 박았다'고 하는 말을 '빼닮았다'로 고쳐서 쓰면 된다. "생김새나 하는 짓이 아버지를 쏙 빼닮은 아들"처럼 쓴다. '빼쏘다'도

'빼닮다'와 같은 말인데, 굳이 차이를 둔다면 전체 생김새나 성품은 비교하지 않고, "얼굴이 어머니를 빼쏜 딸"처럼 얼굴 부분이 꼭 닮았을 경우에는 주로 "빼쏘았다."고 말해 왔다. 그러나 지금은 이 두 말을 구분하지 않고 동의어처럼 쓰면 된다.

부부간의 사랑이 지극할수록 자녀가 그 어버이의 모습을 빼닮는다고 한다. 이를 좀 더 확대 응용하면 섬기던 주인에 대한 충성심이 지극할수록 그 주인을 빼닮는다고도 할 수 있다. 지난날 유신 정권 때 중앙정보부 대공수사국 실무 책임자였던 분이 청와대 비서실장을 지내며 '반정부 세력 척결'을 위해 권력의 칼을 마구 휘두른 사실들이 속속 드러났다. 그 주인을 빼닮았으니 충신이라고 할까, 시대 변화를 읽지 못하는 옹고집쟁이라고 할까.

뺨과 볼

여름내 햇빛을 모아 꽃과 열매를 키워낸 잎들이 나뭇가지를 떠나 흙으로 돌아가고 있는 계절, 가을. 낙엽을 밟는 이들의 옷차림은 점점 두꺼워만 가고, 어느새 아침저녁으로 찬 공기가 몸을 움츠러들게 하는 계절이다. 날이 추워서 얼굴이 빨개졌다고 말할 때는 "뺨이 빨개졌다." 고 할 수도 있고, "볼이 빨개졌다."고 할 수도 있다. 그러나 '볼'과 '뺨'은 가리키는 부위가 똑같지 않아서 상황에 따라 쓰임이 다를 때가 있다.

'뺨'과 '볼'은 흔히 구분 없이 쓰이곤 한다. 그러나 '뺨'과 '볼'이 가리키는 신체 부위는 똑같지가 않기 때문에, '뺨'과 '볼'이라는 말의 쓰임도 차이를 보인다. '뺨'은 얼굴에서, 귀와 눈 사이의 관자놀이에서 턱까지 살이 제법 많이 있는 부위를 가리킨다. 가로로 보자면 귀와 코 사이의 얼굴 부분이 된다. 반면에 '볼'은 '뺨'을 대신해서 전체를 가리킬 때도 있지만, 대개는 그 뺨의 한가운데를 가리킨다. 즉 '볼'이

'뺨'보다 좀 더 좁은 부위를 가리키는 셈이다.

　가령, "추위에 뺨이(/볼이) 빨개졌다."라든지, "아기의 뺨에(/볼에) 입을 맞추었다."고 할 때에는 의미 차이 없이 둘 다 쓸 수 있지만, "볼이 미어지게 빵을 먹고 있다."고 할 때에는 '볼'만 가능하고 '뺨'은 쓰기가 어렵다. 이 경우에는 뺨 전체가 아니라 뺨의 한가운데만을 가리키기 때문에 '뺨'을 쓰면 어색한 것이다. 또, "노인의 볼이 축 처져 있다."고 할 때에는 뺨 가운데 부분의 다소 두툼한 살집을 가리켜 볼이라고 하기 때문에, 이때에도 '볼'은 자연스럽지만 '뺨'은 어색하게 느껴진다.

새것과 새로운 것

그동안 없다가 처음 생겨난 것은 '새것'이고, 이미 있었는데 더 나아진 모습을 보이면 '새로운 것'이다. 그래서 방송사에서 프로그램을 개편했을 때, 처음 생긴 프로그램은 '새로운 프로그램'이라 하기보다는 '새 프로그램'이라고 해야 알맞은 표현이다. 다만, 프로그램 개편을 통하여 더 나은 방송을 약속한다고 말할 때에는 "우리 방송사는 새로운 모습으로 시청자를 찾아뵙겠습니다."라고 하는 것이다. 더 나아진 모습으로 시청자를 만나겠다는 뜻이다.

마찬가지로 선거가 끝나고 대통령이라는 신분으로 처음 국민을 만날 때에는 "새 대통령"이지, "새로운 대통령"이 아니다. 그러나 대통령이 지금까지와는 달리 갖가지 개혁을 잘 추진하고, 골고루 잘 사는 사회를 만들어 서민들의 살림살이를 쭉 펴지게 하면, 그때에는 우리의 "새로운 대통령"이라고 비로소 표현할 수 있는 것이다.

그런데 이미 있던 것이더라도 본질적으로 변화하게 되면 '새'를 쓸 수 있다. 예를 들어, 어떤 사람이 상습적으로 나쁜 짓을 하다가 교도소에서 석방된 뒤에, 이전과는 딴판으로 아주 모범적으로 살고 있으면 "저 분은 이제 새 사람이 되었어."라고 말한다. 완벽히 사람이 바뀌어서 거듭 태어났다는 뜻으로, 이때에는 '새로운 사람'이 아니라 '새 사람'이다. 반면에, 성형 수술을 하고 나타난 여자 친구에게 "새 사람이 되었네."라고 말하지는 않는다. 얼굴을 고쳤다고 해서 완벽히 다른 사람으로 거듭 태어났다고 볼 수는 없기 때문이다. 이때에는 군이 표현하자면 "새로운 얼굴이야."라고 말할 수 있겠다.

서 돈과 서 말

우리나라는 전통적으로 금의 무게를 달 때 3.75그램을 한 돈으로 계산해서 '한 돈', '두 돈' 하고 헤아리고 있다. 이때 '세 돈', '네 돈'이라 말하는 것이 자연스럽게 들리고 있는데, 이것은 표준말이 아니다. 연세 많은 분들 가운데는 '석 돈'이나 '넉 돈'이라 말하는 경우도 있는데 이것도 올바른 표현이 아니다. 금의 무게를 재는 단위인 '돈' 앞에서는 '서'와 '너'를 써서, 각각 '서 돈', '너 돈'이라고 말하는 것이 표준 어법이다.

'서'와 '너'라는 숫자말이 젊은 사람들에게는 다소 어색하게 들릴 수도 있지만, 우리는 예부터 "셋이나 넷쯤 되는 수"를 말할 때 '서너'라는 말을 써 왔다. 그래서 지금도 '금 서너 돈'이라 한다든지, '서너 사람', '서너 집'이라고 말하고 있는 것이다. 이때에는 '세네 사람', '세네 집'이라고 말하는 사람이 거의 없다.

금을 헤아릴 때뿐만 아니라 쌀을 말에 담아서 헤아릴 때에도 '서'와 '너'를 써서 '한 말, 두 말, 서 말, 너 말'이라고 하는 것이 표준말이다. 이때 '세 말, 네 말'이라고 하지는 않는다. 또, 양복점이나 시장에서 옷감의 길이를 잴 때에도 '세 발', '네 발'이 아니라 '서 발', '너 발'이라고 말한다. 예전에 돈을 세는 단위 가운데 아주 적은 액수를 말하는 '푼'이 있었다. '푼'이라는 단위 앞에서도 '세 푼, 네 푼'이 아니라 '서 푼, 너 푼'이라고 한다. "어림 세 푼어치도 없다."라는 말은 "어림 서 푼어치도 없다."라고 바로잡아 써야 한다. 우리말 단위 가운데는 이렇게 전통적인 숫자말인 '서'와 '너'가 남아서 쓰이는 경우가 있다는 것을 기억하고 잘 활용해야 하겠다.

섬뜩하다와 선뜩하다

우리는 흔히 소름이 끼칠 만큼 무섭고 끔찍한 것을 '섬찟하다', '섬찟하다' 들처럼 말하곤 하지만, 이 말들은 표준말로 인정받지 못했다. 대신 같은 뜻으로 통용되는 '섬뜩하다'가 오랫동안 표준말이었다. 그런데 최근 국립국어원 온라인 『표준국어대사전』에는 '섬찍하다'는 북한말로, '섬찟하다'는 표준말로 각각 올라 있다. '섬찟하다'와 '섬뜩하다'는 복수 표준어라는 이야기다.

'섬찟하다', '섬뜩하다' 들과 비슷한 말로, '선뜩하다'란 말도 있다. 추운 날에 밖에 있다가 집에 들어와 방안에 있는 사람의 속살에 손을 대면, 갑자기 찬 느낌을 받아 놀라게 된다. 이때에는 '섬찟하다'나 '섬뜩하다'가 아니라, '선뜩하다'란 말을 쓴다. 찬물로 세수를 할 때에도 "얼굴이 선뜩 선뜩하다."라고 말할 수 있다.

이와 비슷한 발음을 가진 '서뜻하다'라는 말도 있다. 이는 '섬뜩하다'나 '선뜩하다'와는 전혀 다른 말로서, "동작이 빠르고 시원스럽다."
는 뜻으로도 쓰고, '산뜻하다'(기분이나 느낌이 깨끗하고 시원하다)의 큰
말로도 쓴다. '선뜻하다'보다는 "마음이 선뜻 내키지 않는다.", "내 부탁
을 선뜻 들어주었다."와 같이, '가볍고 빠르고 시원스럽게'라는 뜻으로
쓰이는 '선뜻'이라는 부사가 더 귀에 익다.

순국선열과 호국영령

3.1운동 100돌이 되던 2019년부터 '3.1운동' 명칭에 관한 논의가 본격화하였다. '운동'은 국어사전에 "어떤 목적을 이루려고 힘쓰는 일. 또는 그런 활동."이라 풀이되어 있다. 온 나라 백성이 일제로부터 독립을 되찾고자 일시에 만세를 부른 일이니 '운동'이라 일컬었던 것이다. 그러나 이 날의 민족적 저항을 단순히 '독립을 이루려고 힘쓰는 일'로 낮추어서는 안 된다는 의견이 많다. 일제의 강압적 침탈을 국제사회에 널리 알리기 위해 봉기한 '의거'로 불러야 한다는 것이다. '의거'는 국어사전에서 "정의를 위하여 개인이나 집단이 의로운 일을 도모함."이라 풀이하고 있다.

3.1의거 때 순국한 선열들의 피는 아직도 뜨겁다. '순국선열'은 국어사전에 "나라를 위하여 목숨을 바친 윗대의 열사"로 풀이되어 있다. 다른 민족에게 빼앗긴 나라를 되찾기 위해 자발적으로 독립투쟁을

벌이다가 전사나 옥사, 병사한 이들이 바로 순국선열이라는 것이다. 1942년 조선어학회 사건으로 투옥되어 두 해를 넘기지 못하고 감옥에서 돌아가신 한징 선생과 이윤재 선생도 순국선열이다. 현재 보훈처 자료에 순국선열은 일제강점기 때 독립운동가 십 수만 명가량이 있을 것으로 생각된다.

이와 혼동되는 말 가운데 '호국영령'이 있다. '호국영령'의 사전적 의미는 "목숨을 바쳐 나라를 지킨 명예로운 영혼"이다. 국가의 부름을 받고 전장에 나아가 적과 싸워 나라를 지키다 희생된 이들이다. 6·25 전쟁 때 전사한 분들은 바로 이 '호국영령'이라 할 수 있다. 종종 6·25 전쟁과 관련하여 전사자들의 넋을 기리는 행사나 기사문에서 '순국선열'이라고 표현하는 것은 모두 '호국영령'이라고 바로잡아 써야 한다.

실랑이와 승강이

'실랑이'란 본디 남을 못살게 굴어 시달리게 하는 것을 뜻하는 말이다. 옛날 시골 혼례식을 치르는 잔칫집에서는 식이 끝나면 으레 동네 아주머니들이 신랑 신부를 붙들고 '한번 안아 보라'느니 '입을 맞춰 보라'느니 하며 짓궂게 굴었다. 그렇게 하는 것을 일러서 "실랑이질 좀 시켜 보았다."고 했다. 또, 혼인날을 앞둔 신랑 친구들은 신부집에 가서 "함을 팔러 왔다."고 하면서 떼를 쓰는 풍습이 있다. 적당하다 싶은 때가 되었는데도 들어가지 않고 계속 소란을 피우면, 이를 보다 못한 이웃집 할머니가 "이제 실랑이질 그만 하고 들어들 가구랴!" 하고 한 마디 거든다. 바로 이러한 말들이 '실랑이'란 낱말을 올바로 쓰는 예들이다.

그런데 요즘에는 길거리에 차를 세워놓고 말다툼을 하고 있는 사람들을 두고, "운전자들이 실랑이를 벌이고 있다."라고 말하곤 한다.

사실 운전자들이 서로 자기주장이 옳다고 옥신각신하며 우기는 짓은 '실랑이'가 아니라 '승강이'라고 해야 한다. 승용차끼리의 접촉 사고가 나서 "두 차의 운전자들이 길거리에서 승강이를 벌이고 있다."라고 말하는 것이 올바른 표현이다. 하지만 많은 사람들이 '실랑이'를 '승강이'의 뜻으로 쓰고 있는 현실을 반영하여, 인터넷 『표준국어대사전』에서 '실랑이'에도 '승강이'와 같은, "서로 자기주장을 고집하며 옥신각신하는 일"이란 뜻을 보태어 놓았다.

싸가지와 거시기

주변에서 '싸가지'란 말을 자주 들을 수 있는데, 방송이나 공공장소에서 이 말을 쓸 수 있는지 궁금해 하는 분들이 있다. 아마 이 말이 비속어라고 생각돼서 그런 것 같다. 그러나 이 말은 사투리(강원, 전남)이긴 하지만 비속어가 아니므로 방송이나 공공장소에서 사용해도 문제가 될 것은 없다. 이 말은 '어떤 일이나 사람이 앞으로 잘 될 것 같은 낌새'를 뜻하며, 표준말은 '싹수'이다.

그래서 어떤 사람이 앞으로 잘될 것 같으면, "싹수가 있다.", "싸가지가 있다."고 말할 수 있다. 반대로, 잘될 가능성이나 희망이 애초부터 보이지 않으면 "싹수가 노랗다.", "싸가지가 없다."고 말하는 것이다. 비록 '싸가지'란 말이 좋지 않은 뜻으로 쓰이는 경우가 많긴 하지만, 그렇다고 '싸가지' 자체가 속어나 비어인 것은 아니다. 말이란 사용하기 나름이다.

'싸가지'와 함께 호남 사투리로만 알고 있는 '거시기' 또한 표준말이라는 것을 알고 있는 사람이 많지 않은 듯하다. '거시기'는 어떤 일이나 사물의 이름이 얼른 떠오르지 않을 때 그 대신으로 이르는 말이다. 친구 이름이 얼른 떠오르지 않을 때 "저, 우리 동창, 거시기 있잖아." 할 수 있고, 어떤 일을 바로 말하기가 거북할 때에도 "저, 거시기, 지난번에는 죄송했습니다."고 말할 수 있다. 일상적인 언어생활에서 매우 요긴하게 쓸 수 있는 표현이라 할 수 있다.

아저씨와 아주머니

'아저씨'라는 말이 요즘에는 남남끼리에서 남자 어른을 부르는 말로 흔히 쓰이고 있지만, 예전부터 이 말은 친척간의 부름말이었다. 곧 부모와 같은 항렬에 있는, 아버지의 친형제를 제외한 남자를 아저씨라 불렀다. 다시 말해, 아버지의 사촌 형제는 가리킴말로서는 '당숙'이지만, 부름말은 '아저씨'였다. 아버지의 친형제는 '큰아버지', '작은아버지'이지만, 결혼하지 않은 아버지의 남동생도 '아저씨'라 불렀다. 지금은 결혼하지 않은 아버지의 남동생을 흔히들 '삼촌'이라 부르고 있는데, 본디 '삼촌'은 가리킴말이지 부름말이 아니었다.

'아주머니'라는 말도 지금은 남남끼리에서 결혼한 여자를 부르는 말로 쓰이고 있지만, 본디는 친척 가운데 부모와 같은 항렬의 여자를 부르는 말이었다. 곧 아버지의 누이를 요즘에는 모두 고모라 하지만, 예전에는 아주머니라 불렀다. 어머니의 자매 또한 이모와 아주머니가 함께 부름말로 쓰였다. 그런가 하면 '아주머니'는 같은 항렬의 형뻘이 되는 남자의 아내를 이르는 말로도 쓰였다. 곧 형수를 아주머니라 부를 수 있다. 손아래 처남의 아내는 처남댁이라고 부르지만, 손위 처남의 아내에게는 아주머니라 부른다.

이처럼 아저씨와 아주머니는 친척간의 부름말에서 손위 어른을 대하는, 비교적 공경하는 말로 쓰여 왔음을 알 수 있다. 그런데 이 말이 남남끼리 부르고 불리는 말로 통용되면서 경어의 지위를 잃어버린 느낌이다. 특히 어린아이들이 집안의 어른인 아주머니를 부르던 '아줌마'는 요즘에 와서 혼인한 여자를 낮추어 부르는 말로 쓰이고 있다. 부름말과 가리킴말은 사회 변화에 크게 영향을 받을 수밖에 없는 듯하다.

안경 끼다와 안경 쓰다

　안경을 낀다고도 하고 안경을 쓴다고도 한다. 이 두 말은 구별 없이 많은 사람들이 사용하고 있어서 어느 것이 맞고 어느 것이 틀리다고 딱 잘라 말하기가 어렵다. 그렇기는 해도 우리말 동사들은 제각기 자기 본연의 임무가 있어서, 그 임무에 맞게 사용해 주는 것이 바람직하다. 이렇게 낱말이 가진 본래의 임무를 찾아 주면, 안경은 '끼는 것'이라고 하기보다는 '쓰는 것'이라고 하는 게 바람직하다고 생각한다.

　'끼다'는 낱말은 우리 몸의 일부에 꿰는 것을 표현하는데 한자말로는 '착용'에 가까운 말이다. 주로 '반지를 손가락에 끼다', '장갑을 끼다' 들처럼 사용한다. 이에 비해 '쓰다'는 우리 몸에 무엇인가를 얹어 놓거나 덮거나 또는 걸쳐 놓는 것을 이르는 동사이다. '모자를 쓰다', '우산을 쓰다', '안동 하회탈을 쓰다' 들처럼 사용한다. 안경도 얼굴에 꿰는 것이라기보다는 걸쳐 놓는 것이므로 '쓰다'가 알맞다고 생각한다. "안경을 낀 사람"보다는 "안경을 쓴 사람"이라고 말하는 것이 자연스럽지 않을까?

수영장을 이용할 때, 수영복, 수영모와 함께 꼭 필요한 것이 물안경이다. 그런데 대부분의 수영장 안내문에는 '물안경을 써야', '물안경을 쓰고'라 하지, '물안경을 껴야', '물안경을 끼고'처럼 적어 놓은 곳은 거의 없다. 물론 안경과 물안경은 얼굴에 고정하는 방식이 다르기는 하지만, '안경을 쓰다' 쪽의 쓰임이 더 널리 퍼져 있는 것만은 틀림없어 보인다.

안일하다와 안이하다

부주의와 방심 때문에 일어나는 참사가 끊이지 않는다. 사회적으로 대형 사고가 일어날 때마다 "안일한 생각이 사고를 불렀다."라든지, "안이한 대처가 더 큰 화를 불러왔다."와 같은 분석이 나오는 경우가 많다. 이러한 말들은 부주의가 사고를 불렀다는 뜻을 담고 있다. 이처럼 대충 쉽게 생각하고 넘어갈 때 '안일하다' 또는 '안이하다'는 표현을 쓰고 있다. 그러나 '안일하다'와 '안이하다'는 비슷한 뜻으로 쓰이기도 하지만 같은 말은 아니기 때문에 경우에 따라 구분해서 사용해야 한다.

'안일하다'와 '안이하다'는 뚜렷이 구분해서 쓰기가 쉽지 않은 말들이다. '안일한/안이한 생각'이라든지, '안일한/안이한 태도'처럼 둘다 의미가 통하는 경우도 있다. 하지만 '안일하다'는 편안함만을 누리려는 태도가 있는 깃인 데 비해, '안이하다'는 너무 쉽게 여기는 태도가 있는 것이라는 점에서 차이가 있다. 관심을 덜 둔다는 의미에서는 둘 다 비슷하지만, '안일하다'는 '안이하다'에 비해서 '편안함만 추구한 나머지 현실을 회피한다'는 비판적 의미를 더하고 있다.

가령, "작업 현장에서의 안일한 자세는 자칫하면 안전사고를 일으킬 수 있다."고 할 때에는 '안일하다'를 쓰는 것이 어울린다. 애쓰지 않고 편하게 작업하려는 태도를 꼬집는 말이기 때문이다. 반면에, "그 순간만 모면하면 된다는 안이한 생각이 문제다."에서는 '안이하다'가 더 잘 어울린다. 여기서는 너무 쉽게 여기는 태도가 두드러지기 때문이다. 또, '안이하다'에서는 '안이'만 따로 떼어내 사용할 수 없지만, '안일하다'는 형용사일 뿐 아니라 '안일'과 같이 명사로도 쓸 수 있는 말이다.

알갱이와 알맹이

　'알갱이'와 '알맹이'란 서로 다른 두 낱말이 있는데, 그 각각의 쓰임을 잘 따져보지 않는 경우가 많다. '알갱이'는 "곡식의 낟알이나, 열매의 낱낱"을 가리키는 말이다. "쌀이나 보리, 밀 알갱이는 잘고, 도토리나 밤 알갱이는 굵다."처럼 쓰인다. 반면에 '알맹이'는 "물건을 싸고 있는 껍데기나 껍질을 벗기고 남은 속 부분"을 가리키는 말이다. "땅콩을 까서 알맹이를 모아 놓은 것보다 남은 껍데기가 더 수북하다."처럼 쓰인다. '알갱이'는 셈을 헤아리는 단위로도 쓰여서 "한 알갱이, 두 알갱이, 세 알갱이"라고도 할 수 있지만, '알맹이'는 그렇게는 쓰이지 않는다.

　모처럼 하늘이 높고 햇살이 눈부신 나날이다. 이런 날씨가 보름만 지속되어도 올 가을 수확이 풍성해질 것이다. 벼 베기를 한 뒤에 이삭을 떨어서 낟알을 거두는 것을 '바심'이라고도 하고 한자말로 '타작'이라고도 한다. 이때 이삭의 낟알은 '알갱이'이고, 이 알갱이들을 방앗간에 가지고 가서 찧는 것을 '도정'이나 '정미'한다고 하는데, 이렇게 도정 공정을 거친 것이 '알맹이'이다. 이 알맹이가 쌀이다.

타작이란 말의 우리말이 '바심'인데, 벼가 아니라 '조의 이삭을 떨어내서 좁쌀을 만드는 것'을 '조바심'이라고 한다. 이 조는 잎이 어긋나 좁고 길게 생겼고, 귀가 질겨서 떨어내기가 힘들다. 그래서 조를 바심할 때에는 (곧 타작할 때는) 그 과정이 조심스럽고, 마음먹은 대로 쉽게 떨어지지도 않아, 조급해지고 초조한 마음이 들었던 모양이다. 그 때문에 "조마조마하게 마음을 졸이는 것"을 '조바심치다, 조바심하다'라고 하게 되었다.

암과 수

　　암과 수가 붙어 새 말이 만들어질 때에, 우리말의 속살이 드러나는 흥미로운 사례가 있다. 우리가 흔히 '암컷', '수컷'이라고 하는 말은 사실은 '암'과 '것', '수'와 '것'이 각각 합쳐진 낱말이다. 그런데, '것'이라는 말이 암수 뒤에서 '컷'으로 변했다. '암+개→암캐', '암+돼지→암돼지', '수+닭→수탉' 들이 모두 그러한 경우이다.

　　옛말에서 '암'과 '수'는 각각 '암ㅎ'과 '수ㅎ'였다. 끝에 'ㅎ' 소리가 있었다는 이야기이다. 그런데 세월이 흐르면서 이들은 각각 '암'과 '수'로만 쓰이게 되었다. 곧 'ㅎ' 소리가 밖으로 나타나지 않게 된 것이다. 그러나 '암'과 '수'는 겉으로 보이지 않을 뿐이지 속으로는 여전히 'ㅎ' 소리를 품고 있다. 이 소리가 "개, 강아지, 돼지, 닭, 병아리" 따위와 합쳐지면서 비로소 밖으로 드러나는 것이다. 그래서 '수캐, 암캉아지, 수돼지, 암탉, 수평아리, 암평아리'가 된다.

이런 현상은 '암, 수' 뒤에 각각 ㄱ이나 ㄷ, ㅂ으로 시작되는 낱말
이 올 때에 일어나는데, '암'과 '수'에 감추어져 있던 소릿값인 'ㅎ'가
'ㄱ, ㄷ, ㅂ'와 섞여서 각각 'ㅋ, ㅌ, ㅍ'가 되는 것이다. 그런데 이것은
모든 경우에 해당하는 규칙은 아니다. 'ㄱ, ㄷ, ㅂ'로 시작하는 말이라
도 '개미'는 '암캐미, 수캐미'가 아니라 '암개미', '수개미'가 맞고, '벌'은
'암펄, 수펄'이 아니라 '암벌, 수벌'이 바른 말이다. 그리고 흔히 '숫놈'이
라고 하는데, 표준말은 '수놈'이고, 소나 말도 '숫소, 숫말'이 아니라
'수소', '수말'을 표준으로 정해 놓았다. 암과 수가 붙는 말은 좀 까다로
우니 유의해서 써야 하겠다.

양구이와 막창구이

우리는 흔히 음식을 먹은 후에 "양이 찼느냐?" 또는 "양에 찼느냐?" 하고 묻는 경우가 있다. 그런데 이때의 '양'은 분량을 나타내는 한자말 '량(量)'이 아니다. 이 '양'은 위장 가운데 위에 해당하는 우리말이다. 그래서 "양이 찼느냐?" 하는 것은 '위가 찼느냐?', 즉 '배가 부르냐?' 하는 뜻이다. 이 말을 "양이 찼다."라고 표현하면 '내 위가 음식물로 가득 찼다.'는 뜻이고, "양에 찼다."라고 말하면 '내가 먹은 음식물이 내 위에 가득 찼다.'라는 뜻이 되므로, "양이 찼다.", "양에 찼다." 둘다 어법에 맞는 표현이 된다.

그런데 현대국어에 와서 우리말 '양'은 사람에게서 떠나 짐승─특히 소의 위를 가리키는 용어로 굳어졌다. 우리 몸의 장기에 관한 순우리말들은 대부분 짐승에게로 옮겨가고, 우리 몸에는 한자말들이 그 자리를 사지하게 되었다. 가령, 순우리말 '허파', '염통', '콩팥' 들은 어느 틈에 동물에게 넘겨주고 사람에게는 '폐', '심장', '신장'이라는 한자말을 쓰고 있다. 서운하고 안타깝다.

소의 위를 '양'이라고 하기 때문에, '양구이'라고 하면 소의 위를 구운 요리를 말한다. 양구이를 파는 집에 가면 '양곱창'이란 말도 들을 수 있는데, 곱창은 소의 작은창자를 가리키는 말이다. 그러니까 '양곱창'은 소의 위와 작은창자를 함께 이르는 말이라고 할 수 있다. 또 '막창구이'를 파는 집도 많이 볼 수 있다. 소의 네 개의 위 가운데 네 번째 위는 많은 주름이 겹쳐 있는 모양인데, 이 '주름위'를 달리 '막창'이라 부르고 있다. '막창구이'는 바로 이 부위를 구워 낸 요리이다.

양말과 호주머니

　우리말에는 개화기 이후에 서양에서 들어온 물건에 '양(洋)-'을 붙여 이름을 지은 것이 많이 있다. 그 말들 가운데는 오랫동안 쓰이다 보니까 마치 고유어처럼 느껴지는 것들이 있다. '양말'이란 말도 고유어가 아니라 한자말이다. 서양에서 버선과 비슷한 것이 들어오니까 버선을 뜻하는 '말'에 '양-' 자를 붙여서 '양말'이라고 한 것이다. 물을 긷는 데 쓰는 질그릇 '동이'에 '양' 자를 붙여 '양동이'라 하였고, 서양에서 받아들인 잿물이라는 뜻으로 '양잿물'이라는 낱말을 만들어 써 왔다. 이 밖에도 '양배추, 양변기, 양송이, 양은냄비, 양재기, 양철, 양파' 등 매우 많은 말들이 있다.

　서양에서 온 물건에 '양-'을 붙인 것처럼, 중국에서 들여온 것에는 '호(胡)-'라는 한자를 붙여 썼다. '주머니'에 '호-' 자를 붙여 만든 '호주머니'나 '호무', '호띡', '호밀' 같은 말들이 대표적이다. 또, '당(唐)-'이 붙은 말은 중국의 당나라에서 유래한 것이라는 뜻을 가진다. '당나귀'라든지, '당면' 같은 말들이 그러한 예들이다.

그 밖에도 '왜(倭)-'가 붙은 말은 일본에서 유래한 것이라는 뜻을 가지는데, 흔히 알고 있는 '왜간장, 왜감자'라는 말들이 여기에 속한다. 학생들에게 받아쓰기를 시켜보면 '왜간장'의 '왜'를 '외가'(外家)라 할 때의 '외'로 잘못 쓰는 경우가 많은데, 일본을 뜻하는 한자 '왜(倭)'를 붙인 말이라는 것을 알면 그러한 실수는 하지 않을 수 있겠다.

어른답다와 어른스럽다

우리말에 '○○답다'와 '○○스럽다'가 있다. 요즘 우리 생활 주변이나 방송에서 이 말들을 구별 없이 쓰는 이들이 많아지긴 했지만, 본디 뜻과 쓰임이 다른 표현이니 잘 가려 써야 할 말이다. 가령, "어른이 됐으면 좀 어른스럽게 행동하시죠."라고 하는데, 이 말은 어른에게 하기에는 알맞지 않다. 이럴 때에는 "어른이 됐으면 좀 어른답게 행동하시죠."라고 해야 바르게 말한 것이다. 반면에, 어린 아이를 보고 "나이는 어리지만 행동은 어른다웠다."라고 하는 것도 정확한 표현은 아니다. 이때에는 "나이는 어리지만 행동은 어른스러웠다."라고 하는 것이 자연스럽다.

이처럼 '○○답다'는 어떤 말 뒤에 붙어서 그것이 가지고 있는 성질이나 자격이 있음을 나타낸다. '사람답다', '남자답다', '어른답다'처럼 쓰게 된다. 주의해야 할 것은, 사람이 아닌데 '사람답다'고 하지 않는 것처럼, 여자에게 '남자답다'고 한다든지 미성년자에게 '어른답다'고 하면 안 된다는 것이다. 가령 목소리가 굵고 호탕해 보인다고 해서 여자에게 "참 남자다운 면이 보이네요."라고 말하면 잘못이다. '남자답다'고 말하는 것은 그 사람이 남자일 경우에만 가능하기 때문에, 여자에게 남자답다고 해서는 안 된다. 이때에는 "남성스러운 면이 보이네요."라고 표현할 수 있다.

'○○스럽다'는 어떤 말에 붙어서 ○○한 느낌이나 성질이 있다는 뜻을 보태어 준다. 여자 같은 남자에게는 본래 남자이지만 여성의 느낌이나 성질이 있다는 뜻을 더해서 '여성스럽다'고 말할 수 있고, 남자 같은 여자에게는 '남성스럽다'라고 말할 수 있다. 마찬가지로 어른처럼 행동하는 미성년자에게는 '어른답다'가 아니라 '어른스럽다'로 말할 수 있는 것이다. 또, '○○스럽다'는 '평화스럽다'라든지, '복스럽다', '사랑스럽다' 따위처럼 추상적인 말과도 잘 어울린다. 이에 비해 '사내답다', '공무원답다', '선생님답다'와 같이 구체적인 대상에는 '○○답다'가 자연스럽다는 것을 알 수 있다.

어줍다와 어쭙잖다

　우리말에 '어줍다'는 말이 있다. 서투르고 어설픈 것을 표현할 때, 또는 어쩔 줄을 몰라 겸연쩍거나 어색한 모습을 나타낼 때 쓰는 말이다. 남자가 맞선을 보면서 시선 처리를 잘 못하고 말을 더듬는다든지 하면 "그 남자는 맞선을 보면서 무척 어줍어했다."라고 쓸 수 있다. '이렇게 보면 어줍다'는 말은 '수줍다'와 비슷한 점이 있다. '수줍다'는 "숫기가 없어 다른 사람 앞에서 부끄러워하다."는 뜻으로, "그 여자는 맞선을 보면서 몹시 수줍어했다."처럼 쓰인다. 그러니까 어줍은 남자와 수줍은 여자가 맞선을 보게 되면, 얼마나 어색한 자리가 될 것인가.

　우리는 '어줍게'보다는 '어줍잖게'라는 말을 많이 쓰고 있지만, 바른 표현이 아니다. '어줍다'가 "서투르고 어설프다."는 뜻이니까 '어줍잖다'라고 하면 그 반대인 "세련되다."는 뜻을 나타내야 이치에 맞을 것이다. 그러나 많은 사람들이 서투르고 어설픈 것을 표현할 때 '어줍잖다', '어줍잖게'처럼 말하고 있다. 이것은 '우연하게'라고 말해야 할 자리에 '우연찮게'라고 말하는 것과 같다. '어줍다'는 표준말이지만, '어줍잖다'는 표준말이 아니다.

그런데 '어줍다'와 비슷한 말로 '어쭙잖다'라는 말이 있다. 아주 서투르고 어설플 때, 또는 비웃음을 살 만큼 분수에 넘치는 짓을 할 때 '어쭙잖다'라는 말을 쓴다. 가령 "그런 어쭙잖은 실력으론 우리 회사에서 배겨나지 못할 거야." 한다든지, "변변한 벌이도 없으면서 어쭙잖게 자가용을 몰고 다니냐?"라고 쓸 수 있다. 많은 사람들이 바로 이때의 '어쭙잖다'를 '어줍잖다'로 잘못 발음하고 있는 것이다.

언니와 아우

우리가 잘 알고 있는 졸업식 노래 가운데, "빛나는 졸업장을 타신 언니께 꽃다발을 한 아름 선사합니다."란 노랫말이 있다. 누나나 형이 아니라 언니이다. 남녀 선배를 통틀어서 그저 언니로 부르고 있다. 그런데 요즘에 와서는 여자끼리만 언니라는 부름말을 쓴다. 자매지간에서뿐만 아니라, 직장에서 여자가 같은 여자인 선배를 부를 때, 심지어는 옷가게나 음식점에서 일하는 여자분들도 모두 언니로 불리고 있다. 그런데 이 '언니'는 여자끼리만 쓰는 부름말이 아니다.

'언니'는 같은 항렬의 남자끼리이거나 여자끼리에서 손위인 사람을 부르는 말이다. 그러니까, 여자가 손위 여자를 부를 때에 언니라 하는 것처럼, 남자가 손위 남자를 부를 때에도 언니이다. 남자가 손위인 여자를 부를 때에나, 여자가 손위인 남자를 부를 때에는 언니라 하지 않는다. 잘 알다시피 그때는 각각 '누나'와 '오빠'이다. 이 '언니'를 한자말로 바꾸면 '형'(兄)이다. 곧 형도 언니처럼, 한 항렬에서 남자가 손위 남자를 부르는 말이기도 하고, 여자가 손위 여자를 부르는 말이기도 하다. 동서지간에서 부르는 말을 보면, 남자끼리도 '형님'이지만, 여자 동서끼리도 '형님'으로 부르는 것을 알 수 있다.

그러면 손아래 사람을 부르는 말은 무엇일까? 졸업식 노래에 이런 구절도 나온다. "잘 있거라 아우들아, 정든 교실아" 이 노랫말에서 보듯, 손아래 사람은 '아우'이다. 다만, '아우'도 언니의 경우와 같이, 남자가 손아래 남자에게, 여자가 손아래 여자에게 쓸 수 있는 부름말이다. 아우란 부름말은 같은 동성끼리 쓰는 말이라 굳이 성을 나타낼 필요가 없기 때문에 '남아우', '여아우'란 말이 없는 것이다. 이 '아우'를 한자말로 바꾸면 '동생'(同生)이다. 그런데 지금은 국어사전에서 남녀를 가리지 않고 같은 항렬에서 자기보다 나이가 적으면 모두 동생이라 부를 수 있는 것으로 되어 있지만, 본래 동생이란 부름말은 남자가 손아래 여자를 부르거나, 여자가 손아래 남자를 부르는 말이었다. 그래서 지금도 출가한 누나가 남자 동생을 부를 때에는 아우가 아니라 동생이라 하고, 오빠도 시집 간 여자 동생을 동생이라 부르는 풍습이 남아 있다.

정리하면, '형'은 '언니'의 한자말이고, 같은 항렬에서 자기보다 나이가 많으면 남자끼리도 '언니'라 부를 수 있다. 그리고 남자끼리나 여자끼리는 손아래를 '아우'라 부르고, 남자가 손아래 여자에게 또는 여자가 손아래 남자에게는 '동생'이라 부르며, 각각 '여동생', '남동생'이라고 가리켜 말할 수 있다.

엉덩이와 궁둥이

몸에 관한 우리말 가운데 자주 헷갈리는 것들이 있는데, '엉덩이'와 '궁둥이'도 그 가운데 하나다. 사람 몸의 뒤쪽 허리 아래에서부터 허벅다리 위쪽까지 살이 불룩한 부분을 '볼기'(한자말로는 '둔부')라고 한다. '엉덩이'는 이 볼기의 윗부분을 가리키고, 이에 비해 '궁둥이'는 볼기의 아래쪽, 앉으면 바닥에 닿는 부분을 가리킨다.

요즘에는 엉덩이와 궁둥이를 포함한 전체를 그저 '엉덩이'라고 말하는 것이 일반적인데, 그리하면 '볼기'라는 말은 사라지고 '궁둥이'는 엉덩이의 속어처럼 전락하게 된다. 몸의 각 부위를 가리키는 멀쩡한 우리말들이 제 구실을 못 하게 되는 것이다. 이를 막기 위해서라도 엉덩이와 궁둥이의 언저리 전체를 일컫는 '볼기'를 나날살이에서 살려 써야 한다. 옛 시대의 형벌 가운데 하나였던 태형은 볼기를 때리는 벌이었는데, 그 볼기의 좌우 두 짝을 함께 때렸으므로 '볼기짝을 때린다'고 했다.

이와 관련하여, '방둥이'라는 말이 있다. '방둥이'는 "길짐승의 엉덩이"를 따로 일컫는 말이므로, 사람의 엉덩이를 방둥이라고 하는 것은 낮추어 말하는 것이 된다. ('방둥이'를 '방뎅이'라고 하는 것은 바른 말이 아니다.) 엉덩이와 궁둥이와 방둥이의 쓰임은 각각 "엉덩이가 무거워 행동이 굼뜨다.", "궁둥이 붙일 데도 없을 만큼 좁은 방.", "방둥이 마른 소가 일을 잘한다." 들과 같은 사례로 구별할 수 있다.

연임과 중임

뜻 구별이 쉽지 않은 말들 가운데 '연임'과 '중임'이 있다. 총선이나 지자체장 선거 때에 선거에 출마하는 후보들의 이력 사항을 살펴보면, 어떤 직책에 대하여 연임했다는 표현과 중임했다는 표현이 따로 나타나고 있는 것을 볼 수 있다. 실제 일상생활에서도 동창회나 친목회 회칙을 만들 때, 연임과 중임이 혼동되는 경우가 있다. 가령 회장이 임기를 마친 뒤, 다시 또 회장을 맡는 것을 연임이라 하는 사람도 있고 중임이라 하는 사람도 있다. 이 경우에는 연임이라고 써야 한다.

'연임'은 정해진 임기를 마친 뒤에 다시 거듭하여 그 임기의 직에 머무르는 일을 말한다. 예를 들면, "현행 헌법은 대통령의 연임을 금하고 있다."와 같이 쓰는 것은 올바른 표현이다. 국회의원이나 기초의회 의원, 지자체장 등이 임기를 마친 뒤에 선거에서 뽑혀 다시 맡게 되면 이는 모두 연임이 된다. 반면에 '중임'은 '먼저 근무하던 직위(임기가 따로 없는 직위)에 거듭해서 임명되는 것'을 말한다. 사전에는 "임기가 끝나거나 임기 중에 개편이 있을 때 거듭 그 자리에 임용함."(『표준국어대사전』)이라 풀이해 놓았다. 예를 들면, "이번 개각에서 문화체육관광부 장관은 중임되었다."와 같은 경우에 중임을 쓴다.

옷거리와 책거리

흔히, 몸매가 좋아 아무 옷이나 입어도 다 잘 어울리는 사람을
보고, "옷걸이가 좋으니 뭘 입어도 잘 어울린다."고 추어준다. 이때에
는 '옷걸이'가 아니라 '옷거리'라고 해야 한다. '옷걸이'는 "옷을 걸어
두는 도구"나 "옷을 걸어 두도록 만든 물건"이고, '옷거리'는 "옷을 입은
모양새"를 말한다. 우리가 사람을 보고 "옷거리가 좋다.", "옷거리가
늘씬하다.", "옷거리 맵시가 있다."처럼 말할 때에는 모두 이 '옷거리'를
쓰는 것이다.

'옷걸이'와 '옷거리'처럼, '책걸이'와 '책거리'도 구별해서 써야 한
다. 너무 옷맵시에만 신경 쓰지 말고 책도 가까이하라고 이렇게 공평
한 낱말이 생겨난 모양이다. '책걸이'는 '옷걸이'처럼, "책의 한 귀에
고리를 만들어 나란히 걸어 놓을 수 있게 못을 박아 놓은 것"이다.
다시 말하면, 책을 걸어두는 나무나 못을 가리키는 말이다. 이 말은

북한에서는 아직도 흔히 쓰이고 있지만, 아쉽게도 우리나라 사람들에게는 거의 잊혀 가고 있다.

이와 달리 '책거리'는 '책씻이'라고도 하는데, "학생이 책 한 권을 다 읽어 떼거나 다 베껴 쓰고 난 뒤에 선생과 동료에게 한턱내는 일"을 말한다. 예를 들어, "우리 독서모임은 한 학기 강독이 끝난 뒤에 책거리로 그 학기를 마무리한다."처럼 쓴다. 어떤 사람들은 책을 처음 출판하고 그것을 축하하기 위해 모임을 베풀면서 이것을 '책거리'라고 부르는 경우가 있는데, 이때에는 '책거리'가 아니라 '출판기념회'라고 한다.

우리와 저희

대명사로 쓰이는 '우리'는 말하는 사람이 자기를 포함하여 자기편의 여러 사람을 일컫는 말이다. 공손히 말해야 할 상대 앞에서 '우리'라는 말을 쓸 때에는 이 말을 낮추어야 하는데, '우리'의 낮춤말이 바로 '저희'이다. 따라서 손윗사람에게나 직급이 높은 사람, 또는 기업이 고객을 상대로 할 때에는 '우리' 대신 '저희'라는 표현을 쓴다. 그러나 '우리'는 말을 듣는 상대방까지도 포함할 수 있지만, '저희'에는 말을 듣는 상대방이 포함되지 않는다.

가령, 같은 회사의 상급자에게 "저희 회사가…"라고 말한다면, 그 상급자는 그 회사 사람이 아닌 것이 되니 주의해야 한다. 이 경우에는 말을 듣는 그 상급자도 같은 회사 구성원이므로, 비록 손윗사람이지만 "우리 회사가…"라고 말해야 한다. 한 형제끼리 말할 때 동생이 형에게, 아버지를 가리켜 "저희 아버지"라 하지 않는 것을 생각하면 쉽게 이해할 수 있는 일이다. '우리'는 말을 하는 사람을 포함하긴 하지만 그보다는 자기편 사람(또는 말을 듣는 사람)을 강조하는 말이고, '저희'는 자기편 사람보다는 말을 하는 '자기'를 낮추는 의미가 강하다.

'우리'의 준말은 '울'로 쓰는데, '울'은 '얼'과 함께 하나의 민족을 이루는 핵심이 된다. '얼'은 그 민족 공동체의 정신이고 '울'은 그 공동체를 하나로 묶는 울타리이다. '울' 너머는 '남'이고 '울' 이쪽은 '우리'이다. 이처럼 '우리'는 인칭대명사로서 쓰일 뿐만 아니라, 그 민족이나 그 사회를 하나로 뭉치게 하는 뜻을 가진 일반명사로도 쓰이는 말이다. '우리'는 결코 질시와 다툼으로 울 이쪽과 울 저쪽으로 나뉘어서는 안 된다.

운용과 운영

'운용하다'와 '운영하다'란 말이 있는데 뜻과 소리가 비슷하여 자주 헷갈리고 있다. 국어사전에서는 운영을 "조직이나 기구, 사업체 따위를 경영하는 것"으로, 운용을 "무엇을 움직이게 하거나 부리어 쓰는 것"으로 각각 풀이해 놓았다. 예를 들면, "기업 운영", "운영 개선", "조직 운영에 대한 책임을 지다." 등에서는 '운영'이고, "자본의 운용", "법의 운용을 멋대로 하다.", "기금을 잘 운용하다." 등에서는 '운용'이 되겠다.

다시 말해서 운영은 단체나 조직 따위를 경영한다는 뜻이고, 운용은 자본이나 자원 따위를 사용한다는 뜻이다. 운영은 그래서 주로 학교나 정당, 기업, 대회 등과 어울려서 사용되고, 운용은 자본, 기금, 예산이나 물품 등과 어울려 사용된다. 그러므로 어떤 행사의 예산을 쓰는 것은 "행사 예산 운용"이 되겠고, 그 행사를 조직하고 이끌어

나가는 것은 "행사 운영"이라고 할 수 있다.

임대인과 임차인 간의 갈등으로 빚어진 사건들이 언론에 종종 보도되고 있다. 흔히 "상가를 임대해서 음식점을 열었다."고 말하고 있는데, 이 말은 잘못된 표현이다. 이는 "상가를 임차해서 음식점을 열었다."로 고쳐서 말해야 한다. 거꾸로, 건물 주인은 "상가를 임대해서 많은 소득을 얻었다."로 말할 수 있다. 이 두 낱말은 그 뜻이 서로 반대이다. '임대'는 대가를 받고 자기 물건을 남에게 빌려 주는 것이고, '임차'는 요금을 내고 물건을 빌려 쓰는 것이다. 곧 빌려 주는 사람이 임대인이고 빌려 쓰는 사람이 임차인이다.

으악새와 학

한때는 '행주치마'가 임진왜란 때 '행주대첩'에서 나왔다는 설이
있었지만, 곧 사실이 아님이 밝혀졌다. 임진왜란이 일어나기 훨씬 전
의 우리 문헌들에, 부엌일을 할 때 앞에 두르는 작은 치마를 '행자치마'
라고 쓴 기록들이 있기 때문이다. 또 부엌에서 그릇을 닦는 깨끗한
헝겊을 '행자'라고 하였다. 이 '행자치마'와 '행자'가 오늘날 '행주치마'
와 '행주'로 발음이 변하여 표준말로 정착된 것이다. 이처럼 우리말의
유래는 잘못 알려지기 쉽다.

원로가수 고복수 님이 부르셨던 〈짝사랑〉의 첫 소절에 나오는
'으악새'의 어원에 대해서 여러 주장이 있어 왔다. 그 중 '으악새'는
새가 아니라 '억새'란 이름의 풀이라는 의견이 지배적이었다. 그러나
이 노래의 작사자는 '으악, 으악' 우는 새의 소리를 듣고 '으악새'라
이름을 붙였다고 증언했다. 작사자가 말하는 새를 학자들은 '왜가리'

였을 가능성이 있다고 말하고 있다. 일부 지역에서 '왜가리'를 '으악새' 또는 '왁새'라 부르고 있는 것이 그 뚜렷한 증거가 된다.

나날살이에서 '학을 떼다'는 말을 자주 쓰고 있다. 무언가 거북하거나 어려운 일로 진땀을 뺀다는 뜻이다. 이 말의 유래에 관해서도 여러 설들이 있는데, 여기에서의 '학'은 '학질'(=말라리아)을 가리키는 말이라는 의견이 정설로 되어 있다. 그러니까 '학을 떼다'는 '학질을 떼다', 즉 '학질을 고치다'에서 나온 말이라는 것이다. 학질은 흔히 열이 많이 나는 것이 특징이기 때문에, 이 병을 앓고 난 것처럼 어려운 곤경에 처해 땀을 많이 흘렸다는 뜻으로 '학을 뗐다'고 말하고 있는 것으로 보인다.

이서와 배서

우리 땅 독도에 대해 끊임없이 영토 분쟁을 획책하고 있는 일본과의 갈등이 여전한 가운데, 우리 나날살이에 아직 남아 있는 일본말 찌꺼기에 대한 경각심도 다시금 높아지고 있다. 잘 알고 있듯이, 청산되지 않고 있는 일본말 찌꺼기는 대체로 그 모습이 얼른 드러나지 않는 '일본식 한자말'들이다. 전통적인 한자말 '이해'(理解)가 일제강점기를 거치며 일본식 한자말 '납득'(納得; なっとく)으로 대체되었다가 아직도 청산되지 않고 있는 것이 한 예이다.

지금은 가계에서 수표를 잘 사용하지 않게 되었지만, 오만 원짜리 지폐가 발행되기 전에는 개인도 수표를 자주 사용하였다. 물건 값을 치르기 위해 수표를 낼 때, 흔히 "수표 뒷면에 이서해 주십시오."라는 말을 들을 수 있었다. 수표 뒷면에 보면, 이름과 전화번호나 주민등록번호와 같이 신원을 기록할 수 있는 칸이 인쇄되어 있는데, 여기에

수표 사용자의 인적사항을 적어 넣는 것을 '이서한다'고 말했다. 그러나 이때의 '이서'라는 말은 우리식 표현이 아니다.

이 말은 일본말 '裏書き'(うらがき[우라가끼])가 우리말에 그대로 들어와서 우리식 한자 발음으로 '이서'로 통용되고 있는 것이다. 이것을 우리말로는 '뒷보증'이라 하고, 우리식 한자말로는 '배서'(背書)라고 한다. 그러므로 "수표 뒷면에 이서해 주십시오."라는 말은 "수표 뒷면에 배서해 주십시오." 또는 "수표 뒷면에 뒷보증해 주십시오."라고 고쳐 말하는 것이 바람직하다.

자랑차다와 가열차다

흔히 기운이 가득하면 '기운차다'라 하고 어떤 일의 결과가 몹시 좋으면 '보람차다'고 말한다. 또 아주 옹골지면 '옹골차다'라 하고 희망이 가득한 것을 '희망차다'라 표현한다. 이처럼 우리말에 '차다'가 붙으면 그 말의 뜻을 한층 보태주거나 강조하는 구실을 한다. 그렇기 때문에 이 '차다'는 얼마든지 많은 말들에 붙어 쓰일 수 있다.

가령, 매우 능글맞다는 뜻을 나타내고 싶으면 '능글차다'고 말하면 되고, 성깔이 보통이 넘으면 '성깔차다'라고 표현한다. 마찬가지로, 몹시 자랑스러울 땐 '자랑차다'라고 하면 된다. '능글차다', '성깔차다', '자랑차다' 같은 말들은 모두 국어사전에도 실려 있는 표준말이고, 이런 말들을 자주 활용해서 쓰는 것이 우리말 발전에도 도움이 된다.

그런데 이렇게 '차다'를 붙여서 뜻을 강조하다 보면, 붙여 쓰지 못하는 말에도 종종 '차다'를 잘못 붙이는 경우가 있다. "조국 통일의

람이 가열차게 휘몰아치는"이라고 할 때의 '가열차다'가 그러한 사 가운데 하나이다. 최근에 와서 이 '가열차게'라는 말이 이곳저곳에 눈에 띄고 있는데, 이것은 우리말에서는 쓰이지 않는 잘못된 낱말 다. '가열차게' 대신에 '맹렬하게' 또는 '힘차게'라고 바꾸어 써야 할 이다.

비슷한 예를 한 가지 더 들면, "이번 인사 개편 때 구조조정이 멸차게 진행되었다."와 같이, 남의 사정을 봐주지 않는 것을 '야멸차 다'라고 말하고 있다. 그러나 이 말의 원래 바른말은 '야멸치다'이다. '야멸치다'와 뜻이 비슷한 우리말로 '매몰차다'라는 낱말이 있는데, 바 로 이 말의 영향으로 '야멸치다'를 '야멸차다'로 잘못 쓰게 된 게 아닐까 생각된다. 그런데, 워낙 많은 사람들이 '야멸차다'라고 잘못 쓰다 보니 까, 최근에 『표준국어대사전』 인터넷판에는 이 말도 올림말로 올려서 표준말로 인정하게 되었다.

자치동갑과 동갑하다

첫 모임 자리가 마련되면, 남자들 사이에서는 나이를 따지는 모습들을 자주 보게 된다. 주민등록증을 확인하자고 하면 으레 '호적이 잘못 됐다', '출생신고를 늦게 했다'고 우긴다. 그러나 모임이 지속되고 관계가 두터워지면 나이가 한두 살 많고 적은 것은 그리 중요하지 않기 때문에, 굳이 나이를 부풀려 말할 필요는 없을 것이다. 그래서 우리말에 '자치동갑'이라는 낱말이 있다. '자치'는 "한 자쯤 되는 물건"을 말하는데, 차이가 얼마 안 된다는 뜻이다. 그리고 '동갑'은 나이가 같다는 뜻이니, '자치동갑'은 얼마 차이가 안 나거나 비슷한 나이를 뜻하는 말이다. 사전에는 "한 살 차이가 나는 동갑"이라 풀어놓았다. 한 살 차이면 그냥 동갑으로 여겨도 괜찮다는 뜻이다. 비슷한 뜻을 지닌 낱말로 '어깨동갑'도 있다. 역시 어깨 높이가 비슷한 나이 또래라는 뜻을 담고 있는 말이다.

이 '동갑'에 '-하다'를 붙여 동사로 사용하기도 한다. 곧 '동갑하다'라고 하면, "같은 정도로 되다." 또는 "같은 정도로 되게 하다."는 뜻으로 쓰는 말이다. 예를 들어, "오늘 못한 일은 내일 와서 동갑하겠습니다." 하면, 오늘 못한 일만큼 내일 하겠다는 뜻이다. 이처럼 명사에 '-하다'나 '-다'가 붙어 동사가 된 말들은 매우 많다. 머리를 빗는 '빗'에 '-다'가 붙어서 '빗다'가 되었고, 발에 신는 '신'에 '-다'가 붙어서 '신다'가 되었으며, '품'에 '-다'를 붙이면 '품다'가 된다.

재미있는 것은, '토끼'에 '-다'가 붙은 '토끼다'란 말도 있다는 것이다. "일 저질러놓고 토껴?" 할 때처럼, '토끼다'는 "도망가다"는 뜻으로 쓰고 있는 속어이다. 아마도 이 말은 우리가 잘 아는 동물인 토끼가 동사로 바뀌어서 생긴 말로 추정되는데, "토끼같이 빨리 도망가다"는 뜻으로 쓰이는 걸 보면 매우 그럴 듯하다.

재원과 재사

우리말에는 여자의 속성이나 행동을 빗대는 말도 많지만, 여자의 재주나 능력을 가리키는 말도 더러 있다. 오래 전에 어느 매체에서 "박태환 선수는 우리나라 수영계를 이끌어갈 재원이다."란 기사를 본 적이 있었는데, 이 '재원'이란 말을 남자에게 사용하는 것은 옳지 않다. '재원(才媛)'은 '재주 재(才)' 자에 '미인, 여자'를 일컫는 '원(媛)' 자가 결합해 이루어진 말이다. 한자말 그대로 뜻풀이하면 '재주가 뛰어난 젊은 여자'를 일컫는다. 따라서 '재원'은 여자에게만 쓸 수 있는 말이다. 비슷한 말로 '재녀(才女)'라는 말도 흔히 쓰고 있다.

그러면, 재주가 뛰어난 남자를 가리키는 말은 따로 없을까? 남자의 경우에는 '재사(才士)'라는 말을 쓸 수 있다. '재주 재(才)' 자에 남자를 뜻하는 '선비 사(士)' 자를 붙여 쓰면 재주가 뛰어난 남자를 이르게된다. '선비'는 남자를 공손하게 부르는 말이었기 때문에, 1960년대에

외솔 최현배 님은 아내가 남편을 부르는 부름말로 '그리운 선비'를 줄여서 '그린비'로 하자고 제안한 적이 있다.

재주가 뛰어난 남자와 여자를 통틀어 가리키는 말이 바로 '인재'이다. "차준환 선수는 우리나라 남자 피겨스케이팅을 이끌어갈 인재이다."와 같이, '재사'와 '재원'으로 굳이 남녀를 구분할 필요가 없을 때에는 그냥 '인재'라고 하면 된다. 한 나라의 미래는 얼마나 창조적인 인재를 잘 발굴하여 육성하느냐에 따라 좌우된다고 한다. 자라나는 젊은 세대에게 무조건 기성세대를 따르고 본받으라고 강요하는 것은 바람직하지 않다.

죄받다와 외상없다

우리에게 익숙한 낱말 가운데 본디 뜻과 정반대로 쓰이고 있는 경우가 더러 있다. '죄받다'는 말도 그 가운데 하나다. "동물을 학대하면 죄받아."처럼, 흔히 '죄받아'라는 말을 쉽게 들을 수 있다. 잘 알고 있듯이, 죄와 벌 이 두 낱말은 서로 반대말로서 죄를 지으면 벌을 받게 되는 것이다. 그러니까 "동물을 학대하면 벌 받아."와 같이 말하는 것이 일반적이다. 그런데 뜬금없이 '벌을 받다'는 뜻으로 '죄받다'가 쓰이고 있는 것이다. '죄를 짓다', '벌을 받다'는 분명히 구별해서 써야 할 말들이지만, "죄에 대하여 벌을 받다."는 뜻으로 '죄받다'가 쓰인다는 점이 특이하다.

이렇게 본디 뜻이 반대로 옮겨간 낱말 가운데에는 '에누리'라는 말도 있다. '에누리'는 본래 우리 선조들이 '값을 더 얹어서 부르는 일'을 나타내는 말로 써 왔는데, 지금은 반대 의미인 '값을 깎는 일'을 나타내는 말로 변하여 굳어졌다. 그러나 아직도 '에누리 없다'라는 말은 '보탠 것이 없다'는 뜻으로 쓰인다. 가령, "내 말은 에누리 없는 참말이다."고 하면, '내 말은 보태지 않고 실제와 틀림이 없다'는 뜻이 된다.

'없다'가 붙어서 전혀 다른 뜻으로 쓰이는 말 가운데 '외상'이란 말이 있다. '외상'은 값을 나중에 치르기로 하고 물건을 사고파는 것을 말한다. 그런데 이 말과는 전혀 다르게, 우리말에는 '외상없다'라는 형용사가 있다. "조금도 틀림이 없거나 어김이 없다."는 뜻으로 쓰이는 말이다. 가령, "그 사람은 참 성실해서 무슨 일이든지 외상없이 해놓곤 한다."라고 쓸 수 있다. 일상생활에서 살려 쓰면 좋은 순우리말이다.

주기와 주년

평론가들로부터 그리 호평을 받지 못하였음에도 〈말모이〉(2019)는 '아이들과 함께 볼 만한 영화'로 흥행을 이루며 개봉 20일 만에 270만 관객을 넘어선 영화였다. 일반에 덜 알려졌던 조선어학회의 일제강점기 활동을 조금이나마 비추어낸 것은 이 영화의 또 다른 성과이다. 조선어학회 중심인물 가운데 창남 윤병호 선생이 있다. 윤병호 선생은 조선어학회(뒷날 한글학회)의 사전 편찬 사업에 적극 참가하였다가 조선어학회 수난 사건(1942년)으로 2년여 간 옥고를 겪은 독립유공자로서 올해(2024년) 7월 13일, 50주기를 맞이한다.

어떤 특정한 일이 일어난 때를 기리어 1년씩 기준하여 헤아리는 단위로 '주년'과 '주기'가 있다. 해마다 돌아오는 그 날을 순 우리말로 '돌'이라고 하는데, 이 돌이 돌아온 해를 바로 '주년'이라고 한다. 올해 4월 7일은 『독립신문』이 창간된 지 꼭 128년이 되는 날이므로 이 날을

'『독립신문』 창간 128돌'이라 하고, 올 한 해를 '『독립신문』 창간 128주년'이라 부르는 것이다.

'주기'는 사람이 죽은 뒤 해마다 돌아오는, 그 죽은 날을 뜻하는 말이다. 그러니까 '주기'는 바로 제삿날이 된다. 올해 7월 13일은 창남 윤병호 선생의 50주기이다. 이때 '주기' 대신에 '주년'을 사용하여 올 한 해를 '윤병호 선생 사망 50주년'이라고 말할 수도 있다. 돌아가신 날이 50번째로 돌아온 해이기 때문이다. 다만, '주기'에는 이미 사망했다는 뜻이 포함되어 있기 때문에, 이때에는 '사망'을 떼고 그냥 '50주기'라고 말하는 것이 바람직하다.

주둥이와 아가리

사람의 입을 낮추어 말할 때 '주둥이'나 '아가리'라고 한다. 그래서 사람의 입을 빗대어 "주둥이를 내밀었다.", "아가리를 벌렸다."고 하면 상스러운 말(비속어)이 된다. 어느 방송사의 주말 연속극에서 "내 돈 받고도 떠들어대면 그 주둥이를 썰어버릴 것"이라는 대사가 방송된 적이 있다. 공공 방송에서 그와 같은 비속어를 쓰면 어찌 하는가 지적 하니, 주둥이가 국어사전에 표준어로 올라 있다고 항변한다.

물론 '주둥이'와 '아가리'는 각각 고유한 뜻을 가지고 있는 표준어 이기도 하다. 그 뜻을 살펴보면, '주둥이'는 일부 짐승이나 물고기 따위 의 뾰족하게 나온 코나 입 주위의 부분을 이르는 말이다. 또, 그릇이나 병의 좁고 길쭉하게 나온 부분을 이르는 말이기도 하다. 그래서 '강아 지 주둥이', '빈병 주둥이'라고 하면 일상적인 표준어가 되는 것이다.

그런가 하면, '아가리'는 물건을 넣고 내고 하는, 병이나 그릇,

자루 따위의 구멍 어귀를 이르는 말이다. '물동이 아가리'라든가, '자루 아가리'처럼 쓴다. 또, 굴이나 천막, 하수구 따위의 드나드는 어귀를 가리키는 말이기도 하다. 텐트를 칠 때, 사람이 드나들 수 있도록 한 쪽에 천을 말아 올려놓은 곳도 아가리이고, 맨홀 뚜껑으로 덮어놓은 하수도 입구도 아가리이다. 이와 같을 때에는 모두 표준어로 쓰이는 것이 분명하다.

그러나 사람의 입을 가리켜 '주둥이', '아가리'라고 하면 그것은 비속어이다. 사람은 강아지나 빈병이 아니고, 물동이나 하수도도 될 수 없다. 하지만 때때로 하수도와 같이 지저분한 말을 일삼는 사람을 볼 수 있는데, 그의 입을 '아가리'라 하는 것은 말릴 길이 없다. 이미 '사람의 입'으로 보이지 않는 데에야 어찌 할 것인가.

주책없다와 주책이다

'주책'은 있어야 할까, 없어야 할까? '염치'는 좋은 말일까, 나쁜 말일까? 평소에 '없다'를 붙여서 주로 좋지 않은 뜻으로 말하다 보니, 어떤 말들은 그 말 자체가 부정어처럼 인식되기가 쉽다. 그러나 우리에게 '주책'이나 '염치'는 꼭 있어야 하는 덕목이다.

'주책없다'는 말에서 '주책'은 본디 일정하게 자리 잡힌 주장이나 판단력을 뜻하는 낱말이다. 그러니까 그냥 '주책'은 꽤 괜찮은 뜻을 가진 말이다. 그러한 주책이 없는 사람이나 행동을 가리켜 '주책없다'라고 말한다. 그런데 이러한 뜻으로 흔히 "너, 왜 그렇게 주책이니?", "정말 주책이야." 따위처럼 '주책이다'로 표현하는 경우가 많아지다 보니, 국립국어원이 『표준국어대사전』 올림말 '주책'에 "일정한 줏대가 없이 되는대로 하는 짓"이란 뜻을 보태어 놓았다. 본래는 앞의 문장들을 "너, 왜 그렇게 주책없니?", "정말 주책없어." 들처럼 모두 '주책없다'로 고쳐서 써야 했지만, 언어 현실을 최대한 반영하려는 정책에 따라 '주책이다'도 허용하게 되었다.

나라의 지도자가 되려면 주책이 있어야 하고 염치도 필요하다. '염치'라는 말의 뜻은 "부끄러움을 아는 마음"이다. 사람들끼리 어울려 사는 사회에서는 누구나 염치가 있어야 한다. 그래야 그 사회가 건강할 것이다. 한자말에서 온 이 '염치'가 소리가 변하여 '얌치'로 쓰이기도 한다. 부끄러움을 모르는 사람은 염치/얌치가 없는 사람이고, 염치/얌치가 없는 사람을 우리는 '얌체'라고 한다. 따라서 얌체를 가리켜 말할 때에는 '염치없다'나 '얌치없다'처럼, '없다'를 반드시 붙여서 말해야 한다.

즐겁다와 기쁘다

우리는 흔히 "즐겁고도 기쁜 주말", "사랑은 즐겁고도 기쁜 것" 들처럼 말하고 있다. 이 말을 들으면 분명히 '즐겁다'와 '기쁘다'는 다른 낱말이다. 그런데 사전에서 찾아보면, '즐겁다'는 "마음에 거슬림이 없이 흐뭇하고 기쁘다."로 나와 있고, '기쁘다'는 "욕구가 충족되어 마음이 흐뭇하고 흡족하다."로 풀이되어 있다(『표준국어대사전』). 도무지 이 풀이들만 가지고는 두 낱말의 차이를 쉽게 알 수 없다.

하지만 두 낱말의 쓰임새는 일상생활에서 뚜렷하게 구별되고 있다. 가령, "직장인들에게 10월은 휴일이 많아 즐거운 달이다."를 "직장인들에게 10월은 휴일이 많아 기쁜 달이다."라고 하면 매우 어색해진다. 반면에, "아이가 뜻밖의 선물에 언뜻 기쁜 표정을 지었다."를 "아이가 뜻밖의 선물에 언뜻 즐거운 표정을 지었다."라고 말하면 이 또한 자연스럽지 않다.

두 낱말의 차이는 '즐겁다'란 말을 잘 이해하면 금세 드러난다. '즐겁다'는 '즐기다'와 뿌리가 같은 말이다. 곧 '기쁘다'가 좋은 기색이 잠깐 드러나는 것에 비해, '즐겁다'는 그러한 마음 상태가 잠깐 나타나고 마는 것이 아니라 일정 시간 지속되는 것임을 알 수 있다. '즐거운 하루', '즐거운 여행', '즐거운 생활' 등과 같은 말들을 잘 새겨 보고, 이 말들을 '기쁜 소식', '기쁜 선물'이라는 말과 비교해 보면, '기쁘다'와 '즐겁다'의 차이가 느껴질 것이다.

진달래와 개나리

꽃샘추위가 기승을 부려도 사람들이 느긋할 수 있는 까닭은, 곧 봄볕이 따스해지고 산과 들에 꽃이 필 것임을 알고 있기 때문이다. 봄을 알리는 꽃 가운데 우리에게 가장 친근한 것이 진달래와 개나리라고 생각한다.

'개나리'는 옛 차자 표기에서 '가히나리'란 형태로 나타난다. 500년 전까지만 해도 '개'를 '가히'라고 했기 때문에, '가히나리'가 '개나리'로 변화한 시기는 대개 16세기 이후부터라고 할 수 있다. '개'가 접두사로 쓰여 파생어를 만들 때에는 '야생 상태'라든지 '질이 떨어진다'는 의미를 보태주게 된다. 꽃 중에서 백합을 가리키는 우리말이 '나리'인데, 여기에 '개-'를 붙여서 '개나리'라고 하면 '질이 떨어지는 나리'를 가리키게 된다. 여기에 반하여 백합은 따로 '진짜 나리'라는 뜻으로 '참나리'라고 한다.

우리말에는 이처럼 '참'과 '개'가 대립되어 사용되는 낱말들이 있는데, '참꽃'과 '개꽃'도 그 가운데 하나이다. 참꽃은 사람이 먹을 수 있는 꽃을 말하고, 반면에 개꽃은 사람이 먹을 수 없는 꽃을 가리킨다. 그래서 참꽃이라고 하면 진달래를 뜻하고, 개꽃은 철쭉을 뜻하는 말로 쓰인다. 아무래도 봄을 맨 앞에서 이끌고 오는 전령사는 진달래라고 할 수 있다. 개나리는 주로 사람이 사는 동네에 피어나지만, 진달래는 멀리 산에서부터 마을에까지 두루 흐드러지게 피어서 봄을 느끼게 해준다. 개나리가 '개-'와 '나리'로 나누어지듯이, 진달래도 '진'과 '달래'가 합쳐진 말이다. '진'은 '참된', '진짜'의 뜻을 가진 접두사이기 때문에, 진달래는 '진짜 달래꽃'이라는 말이 된다.

참고와 참조

사무실에서 공문서를 다룰 때 가끔 "○○ 참고"라든가 "○○ 참조"라는 용어를 만나게 된다. 이런 용어를 자주 대하다 보면, 한 번쯤은 '참고'와 '참조'의 차이점에 대해 궁금해지기 마련이다. '참고'는 어떤 일에 대해 도움이 될 만한 재료로 삼는다는 뜻이다. "업무에 참고할 것.", "아래 사항을 참고할 것." 들처럼 쓰는 용어이다. 이에 비해 '참조'는, 참고로 비교하고 대조해 본다는 뜻이다. 가령, 어떤 기사를 읽을 때 그와 관련된 다른 기사를 비교해 보라는 뜻으로 "관계 기사 참조"라고 하는 경우에 쓰는 용어이다. 공문에서, 단지 업무에 도움이 될 만한 재료로 삼으라는 뜻으로 쓰는 말이라면, "참조하시기 바랍니다."가 아니라 "참고하시기 바랍니다."로 쓰는 것이 옳다.

요즘 같은 때에는 공문서에서 "불경기일수록 업무에 전력할 것"이라는 표현을 자주 볼 수 있을 것이다. 이때의 '전력'을 우리말로 옮기면 '모든 힘'이고, 어떤 일에 모든 힘을 다하라는 뜻을 표현할 때에는 "전력을 기울이다." 또는 "전력을 쏟다."라고 말한다. 그러나 이 말을 "전력할 것"이라든지, "전력하여 주시기 바랍니다."처럼 쓸 수는 없다. 만일 '하다'를 붙여 써서 표현하고자 할 때에는 "진력하다.", "진력할 것", "진력하여 주시기 바랍니다."라고 써야 한다.

문서의 분량을 헤아릴 때에나 원고지 분량을 이야기할 때 흔히 '한 매', '두 매' 등으로 말하고 있는데, 이때의 '매'는 일본식 한자말이다. 우리는 일제의 영향을 받기 전에는 종이를 '한 장', '두 장', '백 장'이라고 헤아렸다. 요즘은 '매'와 '장'이 뒤섞여 사용되고 있는 듯한데, 되도록 전통적 표현인 '장'으로 통일하여 쓰는 것이 좋겠다.

참석과 참가

'참석하다'와 '참가하다'는 거의 구별 없이 쓰이고 있지만 뜻 차이가 있기 때문에 쓰임이 다를 때가 있다. 가령, "이번 모임에 모두 참석해 주세요."는 "이번 모임에 모두 참가해 주세요."로 바꾸어 쓸 수 있지만, "혼인식에 참석하여 자리를 빛내 주세요."를 "혼인식에 참가하여 자리를 빛내 주세요."로 바꾸어 쓰면 매우 어색한 문장이 된다. '참석'은 마련된 자리를 차지하고 있다는 의미가 강한 반면, '참가'는 단순히 자리를 차지하는 것이 아니라 그 일에 직접 관계를 가지고 행동하는 경우에 사용되기 때문이다. 혼인식에 오는 하객들은 '참가'하는 것이 아니라, '참석'하는 것이다.

반면에 "서초동 촛불 시위에 참석했다."보다는 "서초동 촛불 시위에 참가했다."라고 하는 것이 좀 더 알맞은 표현이다. 어떤 시위나 또는 대회에 개입하여 직접 그 일을 수행하는 경우에는 '참가'라고 해야지 '참석'이라고만 하면 무척 어색하다. 나아가 그 일에 참가하는 데 그치지 않고 더욱 깊게 관여하는 경우에는 '참여하다'고 나타낼 수 있다. '참여하다'는 어떤 일에 끼어들어 관계한다는 뜻이다.

정리하면, '참석하다'는 모임이나 회의에 출석하는 것을 나타낼 때에 쓰는 말이고, '참가하다'는 단순한 출석의 의미가 아니라 직접 관계하여 들어가는 것을 나타낸다고 볼 수 있다. 그리고 '참여하다'는 그 일에 관여하여 진행 과정에 개입해 있는 경우를 드러내는 데에 쓰이는 말이라고 할 수 있다. 학술대회에 초대 받아 '참석'하는 이, 학술대회 발표자로 '참가'하는 이, 학술대회 운영에 '참여'하는 이로 구분하면, 그 차이가 잘 드러나지 않을까?

첫째와 첫 번째

나날살이에서 '첫째'와 '첫 번째'라는 말이 거의 같은 말처럼 쓰이고 있지만, 이 두 말은 쓰임이 다른 말이다. '첫째'는 사물의 차례나 등급을 나타낼 때 쓴다. 한자말로 바꾸었을 때 '제일, 제이, 제삼, …'처럼 '제' 자를 붙일 수 있는 경우가 되겠다. 그리고 나란히 있는 사람이나 물건의 차례를 나타내기 때문에, '둘째 줄의 셋째 학생, 첫째 줄의 둘째 책상'처럼 쓰는 말이다. 또, 반에서의 석차라든가, 태어난 형제나 일의 순서, 책의 차례 등을 모두 '첫째', '둘째' 등으로 표현할 수 있다.

이와는 달리, '첫 번째'라는 표현은 연이어 계속해서 반복되는 일의 횟수를 나타내는 말이다. 대학 입시에 두 번 연속 실패하고 다시 도전한다면, 세 번째 도전이 된다. 야구처럼 횟수를 정해 놓고 하는 운동경기에서 '첫 번째 경기'라고 한다든지, 여러 번 묻게 되는 질문에서 '첫 번째 물음' 등과 같이 쓸 수 있다.

우리 나날살이에서는 주로, '첫째'나 '둘째'라고 써야 할 자리에 '첫 번째', '두 번째'로 잘못 쓰고 있는 경우가 매우 많다. 한 가지 예를 들어 보자. 올림픽 대회 입장식 중계방송에서 "우리나라 선수단은 아흔세 번째로 당당하게 들어오고 있습니다."라고 하면, 우리나라 팀이 아흔세 번이나 반복해서 입장하고 있다는 뜻이 된다. 입장식만 하다가 지쳐 버릴 노릇이다. 입장식에는 어느 나라 선수단이나 한 번씩만 들어오므로 여기에서는 들어오는 차례를 나타내는 '아흔셋째'라는 표현을 써야 한다. '몇 번째'에서 '번째'라는 말은 "반복되는 일의 횟수"라는 것만 기억하면, '째'와 '번째'를 헷갈리지 않을 수 있다.

총각김치와 홀아비김치

입동을 앞둔 시기에는 싱싱한 채소가 귀해지면서 반찬 장만하기가 어려워진다. 이럴 때는 묵은 김치를 많이 먹게 되는데, 김치 가운데 "굵기가 손가락보다 조금 큰 어린 무를 무청째로 여러 가지 양념을 하여 버무려 담근" 김치가 있다. 바로 총각김치이다.

지난날 우리 겨레는 성년이 되기 전 사내아이의 머리를 땋아서 뒤로 묶어 늘어뜨렸다. 그렇게 땋은 머리를 양쪽으로 갈라 뿔 모양으로 동여매기도 했는데, 그 모습을 '총각'이라고 했었다. 그런 머리를 한 사람은 대개가 장가가기 전의 남자라서 지금도 "결혼하지 않은 성년 남자"를 총각이라고 하게 됐다. 뿌리가 잔 어린 무가 그 머리 모양을 닮았기 때문에, 이것을 '총각무'라 부르게 되었고, 총각무로 담근 김치가 총각김치이다.

재미있는 것은, 총각김치와 맞서는 말로 '홀아비김치'라는 것도 있다는 것이다. 홀아비김치는 무나 배추 한 가지로만 담근 김치를 말한다. 김치를 담가보지 않았더라도, 김치를 먹어본 사람이라면 누구나 무와 배추가 얼마나 찰떡궁합인지 잘 안다. 배추가 들어가지 않은 무김치와 무를 전혀 넣지 않은 배추김치는 식탁 위에 올려도 본새가 나지 않는다. 젓가락이 가지 않는 홀아비김치. 그 짝을 찾아 함께 버무려주어야 진짜 '김치'가 된다.

햇반과 햅쌀밥

　혼자 사는 이들이 늘면서 먹거리 문화도 많이 달라졌다. 밥을 미리 지어 용기에 담아 파는 '햇반'은, 어르신들에겐 여전히 낯설게 느껴진다. '햇반'은 식품업체에서 지어낸 상품이름일 뿐 본디 쓰이던 우리말은 아니다. 우리말에는 "그 해에 새로 난 쌀로 지은 밥"을 '햅쌀밥'이라고 하는데, '햇반'은 아마 햅쌀밥을 떠올리도록 지어낸 말인 듯하다. 그러나 이 상품이 그 해에 난 햅쌀로 지은 밥이라고 믿는 이들은 별로 없다.

　'햇곡식', '햇밤', '햇병아리' 들에서의 '햇'은 '그 해에 새로 난 것'을 뜻하는 접두사이다. 다만 이 '햇'이 '쌀'과 결합할 때에는 '햇쌀'이 아닌 '햅쌀'이 된다. '쌀'이나 '씨', '싸리', '때' 들은 본디 첫머리에 'ㅂ' 소리를 가지고 있었던 말로서, 현대국어에서 제 홀로 쓰일 때에는 첫머리의 'ㅂ' 소리가 숨어 있다가, 다른 낱말이나 접누사와 만나는 경우에는 두 말 사이에 숨어 있던 'ㅂ' 음이 나타나기 때문이다. 그래서 '햇'과 '쌀'이 만나면 '햇쌀'이 아니라 뒤의 '쌀'이 본디부터 가지고 있던 'ㅂ'의 영향을 받아 '햅쌀'이 되는 것이다.

차진 쌀을 말하는 '찹쌀'이나 '차지지 않고 메진' 쌀을 뜻하는 '멥쌀'의 경우도 마찬가지이다. 또, '벼'와 '씨'가 합쳐져서 '볍씨'가 되고, '대'와 '싸리'가 합쳐져서 '댑싸리'가 된다. '여태'를 뜻하는 '입때'와 '저번 때'를 뜻하는 '접때'도 모두 이러한 경우이다. '쌀', '씨', '싸리', '때' 들의 첫머리에 숨어 있던 'ㅂ' 소리가 낱말의 합성 과정에서 살아나 끼어드는 사례들이다.

홀몸과 홑몸

배가 불러 있는 며느리가 주방에 들어가려 하자, 시어머니가 만류하며 인자하게 타이른다. "홀몸도 아닌데 몸조심해라." 이 말은 무슨 뜻일까? 만일 '임신 중이니 몸조심하라'는 뜻이라면, 낱말 선택이 잘못되었다. '홀몸'은 '혼잣몸' 곧 독신을 말한다. 말하자면, 배우자가 없는 사람을 홀몸이라고 한다. 그러니까, '홀몸도 아닌데 몸조심하라'는 말은 '배우자가 있으니 몸조심하라'는, 전혀 엉뚱한 뜻이 되어 버린다. 임신 중인 며느리에게 이렇게 말할 시어머니가 세상에 어디 있겠는가!

아기를 배지 않은 몸은 '홑몸'이라고 한다. 곧 딸린 사람이 없는 몸이 '홑몸'으로서, 배우자나 형제가 없는 홀몸과는 구별되는 말이다. 한글의 자음과 모음을 우리말로 닿소리, 홀소리라고 하는데, 모음을 '홀소리'라고 하는 것은 자기 혼잣몸으로 소리를 내기 때문이다. 이 홀소리도 다른 홀소리가 딸려서 소리를 내는 것은 복모음 곧 겹홀소리라 하고, 딸린 홀소리 없이 단신으로 소리를 내는 것은 단모음 곧 '홑홀소리'라 한다. 이것이 '홀'과 '홑'의 차이이다.

처음으로 돌아가서 다시 살펴면, 임신 중인 며느리가 주방에 들어가는 것을 만류할 때에는 "홑몸도 아니니 몸조심해라." 하는 표현이 올바르다. 이제 뱃속에 손주가 딸려 있으니 홑몸이 아닌 것이다. 배우자가 없는 홀몸과는 다르다.